CONTENTIEUX EUROPÉEN

Fondé en 1851

Registre du Commerce (Seine) N° 35.231

Maison M. SALMON & H. HORY

A. SALMON, E. JAGLIN & Cie Succ

Membres de la Chambre Syndicale des Agences de Renseignements Commerciaux

31, Rue Lafayette, PARIS

TÉLÉPHONE : TRUDAINE { 12-35 / 12-45   ADR. TÉLÉGR. : "CONTOPÉEN-PARIS"

RENSEIGNEMENTS COMMERCIAUX

SERVICE DIRECT

Fonctionnant depuis le 1er Septembre 1886

RÉPERTOIRE DES CORRESPONDANTS

37me Edition

VALABLE POUR L'ANNÉE 1927

AVIS TRÈS IMPORTANT

Une édition de notre Répertoire de Corres=
pondants paraît au début de chaque année.

L'édition de l'année en cours est remise
GRATUITEMENT A TOUS NOS CLIENTS
au moment de leur abonnement ou du renou=
vellement de celui=ci.

En dehors de ces deux cas les abonnés
devront réclamer à la Direction la dernière
édition parue en adressant UN BULLETIN
DE LEUR CARNET en dédommagement des
frais d'édition et de poste.

N. B. — Il y a toujours inconvénient à
utiliser les éditions périmées du Répertoire.
Les abonnés agiront dans leur intérêt en se
conformant à la recommandation ci=dessus.

Fondé en 1851

Registre du Commerce (Seine) N° 35.231

Maison M. SALMON & H. HORY

A. SALMON, E. JAGLIN & Cie Succ^{rs}

Membres de la Chambre Syndicale des Agences de Renseignements Commerciaux

31, Rue Lafayette, PARIS

TÉLÉPHONE : TRUDAINE { 12-35 / 12-45   ADR. TÉLÉGR. : "CONTOPÉEN-PARIS"

RENSEIGNEMENTS COMMERCIAUX

SERVICE DIRECT

Fonctionnant depuis le 1er Septembre 1886

RÉPERTOIRE DES CORRESPONDANTS

37me Edition

VALABLE POUR L'ANNÉE 1927

Le présent Répertoire est la propriété exclusive du "Contentieux Européen".

L'abonné doit s'en servir uniquement pour ses demandes de renseignements commerciaux et cela au moyen des bulletins de son Carnet d'Abonnement.

Aucune demande sans bulletin, aucune correspondance, aucune créance à recouvrer ne peuvent être adressées à l'un quelconque de nos Agents, à peine de **dommages-intérêts** *(ainsi décidé par le Tribunal de Commerce de la Seine selon jugements des 27 Décembre 1912 et 31 Juillet 1914).*

Conditions Générales d'Abonnement

Établies par la Chambre Syndicale
des Agences de Renseignements Commerciaux.

ART. I. — L'abonnement donne droit à autant de renseignements commerciaux ordinaires qu'il comprend de bulletins, chaque renseignement s'entendant d'une enquête sur une seule personne ou raison sociale et sur une seule place, l'Abonné devant fournir très lisiblement toutes indications (nom, prénoms, profession, rue, numéro, commune, canton) propres à éviter une confusion entre deux maisons, une erreur ou une fausse direction de sa demande.

Toute demande sortant du cadre du renseignement commercial ordinaire (rapport concis basé sur ce que l'Agence aura pu apprendre par les moyens d'investigation de son service courant d'informations), tous renseignements télégraphiques, express, demandes d'état de nantissement ou état hypothécaire sont passibles de surtaxe.

ART. II. — L'abonnement est nominatif et rigoureusement personnel. Le carnet ne peut être ni cédé, ni vendu ; aucun usage ne peut en être fait par un tiers, sans l'autorisation écrite de la Direction dont la décision est réservée.

L'Agence se réserve le droit : 1º de résilier à tout moment l'abonnement en remboursant à l'Abonné le prix payé pour les bulletins non encore utilisés ; 2º de se récuser pour tout renseignement que, pour raison de convenance personnelle, elle estimerait ne pouvoir fournir ; dans ce cas le bulletin est retourné à l'Abonné qui pourra l'utiliser pour une autre demande.

ART. III. — Les renseignements sont pris et transmis consciencieusement, sans parti pris et d'absolue bonne foi. Ils sont essentiellement personnels et confidentiels, demeurent la propriété exclusive de l'Agence et doivent lui être restitués en l'original à première demande lorsqu'ils auront été donnés par écrit. L'Abonné s'engage à ne dévoiler à qui que ce soit les renseignements qui lui sont fournis pour son seul usage, à ne pas s'y référer en nommant l'Agence, et il renonce formellement à ce qu'il soit justifié par qui et chez qui ils ont été pris. En cas de violation des prescriptions ci-dessus, l'abonnement se trouvera résilié de plein droit aux torts de l'Abonné, et celui-ci n'aura droit à aucune restitution sur le prix payé.

De plus, et de convention expresse, sans laquelle l'abonnement ne serait pas consenti, l'Abonné se rend responsable de toutes les conséquences que pourrait entraîner une indiscrétion, soit de son fait soit de celui de son personnel.

ART. IV. — L'Abonné reconnaît que le prix payé par lui exclut toute idée d'assurance.

Les renseignements fournis par l'Agence sur la situation actuelle apparente et présumée du demandé ne sont que l'écho de l'opinion telle que ses Correspondants et Informateurs ont pu la recueillir sur la place. Ils ne constituent qu'une indication ; **l'Abonné devra la compléter et la contrôler de toute autre manière à d'autres sources**, avant d'accorder ou de refuser un crédit.

En conséquence, les renseignements fournis ne peuvent donner lieu à aucune action en responsabilité, soit contre l'Agence, soit contre ses Correspondants ou Représentants pour quelque cause que ce soit.

ART. V. — La durée de validité de l'abonnement sur France est fixée à **deux années**.

Les bulletins non utilisés dans ce délai pourront être revalidés pour une année moyennant un supplément qui ne saurait être inférieur à 30 % du tarif en vigueur à l'expiration de leur validité normale. Ils pourront également être repris au prix de facture, à valoir sur une nouvelle souscription de même importance, aux conditions du tarif alors en vigueur.

ART. VI. — Le prix des Abonnements et des surtaxes est payable à **Paris**. Les traites tirées en couverture ne sont pas une dérogation à ce lieu de paiement.

En cas de contestation, il est fait par les parties contractantes attribution de juridiction aux Tribunaux de la Seine.

ART. VII. — De convention expresse, les présentes conditions d'abonnement ont été approuvées par l'Abonné qui en avait préalablement pris connaissance.

Instructions sur l'emploi du Service Direct

En principe ce service fonctionne **par canton**, c'est-à-dire que sauf mention spéciale, les demandes de renseignements doivent être adressées, non pas au chef-lieu du département ou de l'arrondissement, mais au **chef-lieu de canton**.

Certaines localités, bien que n'étant pas chef-lieux de canton, ont été en raison de leur importance, pourvues d'un correspondant. Le nom de ces localités est indiqué **en italique** à la suite de celui du chef-lieu de canton dont elles dépendent.

Les Abonnés, après avoir rempli très soigneusement les blancs de l'entête de leur bulletin relatifs au nom, prénoms, à la profession et au domicile du demandé, puis indiqué la cause **réelle** de leur demande **et sans joindre de timbres pour la réponse**, doivent adresser directement ledit bulletin, **muni de son talon de droite**, au Correspondant desservant le rayon où réside le demandé.

A cet effet, ils devront faire usage exclusivement des enveloppes imprimées qui leur sont remises, en ayant soin d'inscrire littéralement sur chacune d'elles l'adresse du Correspondant, **telle qu'elle figure au Répertoire.**

Les demandes portant sur des cantons non mentionnés dans ce Répertoire, doivent être faites à Paris ainsi que toutes celles concernant le département de la Seine.

Toute correspondance autre que les bulletins à annoter doit être adressée exclusivement à la Direction à Paris. Il en est ainsi de tous bulletins eux-mêmes quand il s'agit d'une créance à recouvrer.

Toute demande faite sans bulletin est interdite.

N.-B. — Les Abonnés sont priés de signaler à la Direction toute imperfection qui viendrait à se produire dans le service d'un Correspondant.

Tout bulletin non retourné **dans les cinq jours** devra être réclamé à la Direction en indiquant très exactement le nom et l'adresse de la personne faisant l'objet de la demande et la date de l'envoi.

Les adresses de certains Correspondants étant purement conventionnelles, les Abonnés ou leurs Voyageurs agiront sagement en s'abstenant de visiter nos Correspondants sans une lettre d'introduction de notre Maison.

Surtaxes

prévues à l'art. 1 des Conditions Générales (page 4)

NANTISSEMENTS ET HYPOTHÈQUES

Les extraits de nantissement ou de privilège de vendeur sur les fonds de commerce doivent être demandés spécialement ; il en est de même des états hypothécaires ou de transcription. Il est compté 8 francs au minimum par vacation en sus de nos débours.

RENSEIGNEMENTS TÉLÉGRAPHIQUES ET EXPRESS

La demande doit toujours en être faite à PARIS, que ce soit par dépêche ou autrement.

Indépendamment des frais de télégrammes, il est perçu pour chaque renseignement un droit fixe de 8 francs destiné à rémunérer les démarches spéciales occasionnées par le caractère même de la demande.

Contrôle des Renseignements

La nécessité d'un **Contrôle sérieux** des renseignements n'est pas à démontrer. Beaucoup d'Abonnés s'adressent à deux ou trois Agences simultanément et n'obtiennent le plus souvent qu'un résultat inefficace. C'est qu'en effet, le même annotateur est parfois le Correspondant de plusieurs Agences. Dans ce cas, c'est toujours la même opinion qui est exprimée à l'Abonné qui a fait la dépense de deux ou trois bulletins. Le but n'est pas atteint, et cependant il est indispensable que les Négociants puisent leurs informations à deux sources différentes : cette mesure de prudence s'impose, car personne n'est infaillible.

C'est dans cet ordre d'idées que nous nous sommes organisés pour assurer à nos Abonnés un **Contrôle absolument certain.**

Dans chaque Canton nous avons deux Correspondants au moins :

1º Celui qui fournit les Renseignements directement aux Clients ; c'est à dessein qu'il figure seul au Répertoire afin de ne pas créer d'antagonismes locaux nuisibles aux Abonnés. Recevant ainsi la totalité du travail, il est davantage attaché à notre Administration et l'annotation des bulletins a, naturellement, toute chance d'en être mieux soignée ;

2º Un Correspondant dit de **Contrôle**, en relations seulement avec notre Siège Central.

Les Abonnés procèdent donc de la façon suivante :

1º A l'aide du Répertoire ils adressent un bulletin à notre Correspondant Direct ;

2º Ils adressent à notre Siège, à Paris, un autre bulletin en écrivant le mot "**Contrôle**" en caractères très apparents.

Ils ont ainsi l'assurance d'avoir, sur **un** client, **deux** renseignemonts de sources différentes. Le contrôle est d'autant plus certain que, sachant à quel Correspondant l'Abonné s'est adressé, c'est aux informations d'un autre que nous avons recours.

Les Abonnés ont donc la réalité d'un **Contrôle** et non pas seulement son apparence, comme il arrive trop souvent.

DES ESCROQUERIES A ÉVITER

Nous ne cessons d'appeler l'attention de nos Abonnés sur la transformation de nos mœurs commerciales.

Les Négociants sont journellement en butte à des pièges, à des tentatives d'escroquerie dont le nombre augmente sans cesse et qu'il devient de plus en plus difficile d'éviter.

Dans cette petite étude, nous allons examiner les détails et les conséquences de deux manœuvres, l'une frauduleuse, l'autre incorrecte, qu'il importe d'exposer au grand jour afin que le monde du commerce en fasse son profit.

Confusion entre deux Négociants du même nom

C'est le piège classique tendu par des professionnels de l'escroquerie, avec une compétence et un art véritables.

S'installant à côté de Négociants solvables dont ils empruntent le nom, la profession, parfois le prénom ou seulement l'initiale, ces individus commandent des marchandises **à livrer généralement en gare.**

On en a vu s'établir dans le même immeuble que leur homonyme très solvable, sans éveiller l'attention de ce dernier, grâce à l'involontaire complicité du Bureau de Poste.

Fatalement la confusion se produit, les renseignements recueillis sont favorables, la livraison est faite et le tour est joué.

C'est ce qui se passe dans la moitié des cas où la perspicacité de l'Agence est mise à défaut.

Il ne peut en être autrement, car ces escroqueries sont préparées avec une telle connaissance topographique des rues et des immeubles que la confusion est inévitable.

Il faut songer que la plupart des Négociants en articles exigeant beaucoup d'emplacement : quincaillerie, ameublement, denrées alimentaires, etc., etc., ont généralement une ou plusieurs annexes, à côté, en face, ou derrière leur principal établissement. Ces annexes temporaires changent d'immeubles selon les circonstances. L'escroc élit son domicile à l'un de ces endroits, et, de très bonne foi, sans qu'il y ait incurie, l'huissier, le banquier, le notaire et autres annotateurs feront la confusion.

De tels agissements exigent un redoublement de prudence.

A notre époque de concurrence effrénée, où chaque Maison a des voyageurs, des représentants locaux visitant régulièrement la clientèle, il faut tenir pour suspecte toute demande de crédit émanant *directement* **d'un inconnu.**

On doit craindre l'escroquerie sous toutes ses formes et spécialement la confusion de personnes, l'homonymie calculée, préparée par un professionnel du genre.

Les négociants prudents se pénètreront de cette idée. En demandant des renseignements sur un **nouveau client**, ils ne manqueront pas de signaler le fait à l'Agence, en lui recommandant de vérifier scrupuleusement l'adresse afin de déjouer un piège, une confusion possible.

Papier de complaisance

C'est un danger d'un nouveau genre contre lequel le Commerce sérieux devra nécessairement réagir.

Certaines Maisons demandent à l'échange de signatures, **au papier de complaisance**, un crédit factice. Les usuriers interlopes qui exploitent au grand jour cette industrie malsaine ruinent par leurs agissements, des négociants que d'autres moyens pouvaient relever.

On ne peut nier la gravité de ce mal, et avec les personnes autorisées qui en reconnaissent la constante progression, il convient d'en signaler les graves conséquences :

C'est la véracité des informations commerciales faussée ;

C'est le Négociant sérieux exploité d'une façon scandaleuse ;

C'est la Banque devenant de plus en plus soupçonneuse, presque réfractaire à l'Escompte.

Tous les jours, on voit sombrer à l'improviste des Maisons n'ayant eu ni protêt, ni gêne apparente. Invariablement, leur syndic découvre que la plus grosse part de leur passif provient **du papier de complaisance.** Pendant six mois, un an, en creusant un véritable gouffre, on a fait face aux échéances sans pouvoir cependant éviter l'irrémédiable catastrophe. Jusqu'à la dernière heure, personne n'a pu la soupçonner, car elle est la résultante d'agissements clandestins.

C'est pourquoi, malgré les bons renseignements qu'ils peuvent obtenir, les Négociants sérieux feront bien de vérifier avec soin le papier qui passe dans leurs mains et de classer comme suspecte toute valeur qui ne paraîtra pas représenter **une livraison de marchandises, une opération effective de commerce.**

Résumé

Le rôle de l'Agence de Renseignements Commerciaux devient de plus en plus ardu et, cependant, tous les Négociants ne le comprennent pas lorsqu'ils espèrent trouver en elle une garantie absolue, une certitude d'information qui fatalement diminue tous les jours.

Aujourd'hui, plus qu'autrefois, il est nécessaire que l'Abonné devienne le collaborateur de son Agence : 1° En lui faisant part des pressentiments qu'il peut avoir, afin qu'elle les éclaircisse ; 2° En surveillant plus étroitement que par le passé les agissements anormaux de certains acheteurs, agissements que l'Agence ne découvre pas toujours en raison de leur clandestinité.

Nous insistons donc auprès des Négociants afin qu'ils apportent la plus grande attention aux vérités que nous venons d'exposer et que nous résumons ici :

Se défier du nouveau Client, venu sans l'intermédiaire d'un représentant.

Examiner scrupuleusement la façon de payer de tout acheteur et le genre de papier qu'il peut donner en paiement.

De plus, nous rappelons qu'un seul renseignement est généralement insuffisant, car l'Agence n'est pas infaillible.

Par suite et dans leur propre intérêt, nous recommandons à nos abonnés de faire une dépense d'informations proportionnée au chiffre du crédit à risquer, soit par exemple :

Jusqu'à 1.000 francs. . . . 2 Renseignements.

Et au-dessus . . . . 3 id.

Immatriculation au Registre du Commerce

La loi du 1ᵉʳ juin 1923 qui complète et renforce celle du 18 Mars 1919, **a rendu obligatoire**, à partir du 5 décembre 1923, sur tous les papiers de commerce : factures, lettres, notes de commande, tarifs, annonces et prospectus, l'indication de l'**immatriculation au Registre du Commerce.**

Elle n'a d'autre but que de **protéger le commerce** honnête et régulier contre la suspicion née des pratiques de certains négociants occasionnels et douteux.

Son observation stricte doit donc avoir pour effet de procurer une première garantie de sécurité aux négociants sur le point d'entrer en relations d'affaires avec un client nouveau.

Partant de ce principe, nous ne saurions trop conseiller à nos Abonnés de **tenir pour suspecte** toute maison dont le papier commercial ne fait pas mention de cette immatriculation.

Dans le même ordre d'idées et pour nous permettre de contrôler et le cas échéant de compléter notre documentation, nous invitons nos Abonnés à **toujours nous signaler** dans leurs demandes de renseignements, **le numéro d'inscription au Registre du Commerce** des maisons qui en font l'objet.

SERVICE DIRECT

GROUPE N° 1

France — Algérie — Tunisie — Monaco Luxembourg

AIN

Se servir exclusivement de nos enveloppes libellées comme suit : « Monsieur l'Agent-Correspondant du Contentieux Européen » en complétant sans aucune omission par les adresses indiquées ci-dessous.

BOURG, rue Clavagry, 2.

Ambérieu-en-Bugey, maison Sengelin.

Bagé-le-Châtel, rue Marsale.

Saint-Laurent-les-Mâcon, rue de l'Héritan, 3, à Mâcon (Saône-et-Loire).

Bellegarde, rue de la République, 20.

BELLEY, place des Terreaux, 7.

Brenod, Etude Goyffon.

Ceyzeriat, chez le Greffier de Paix.

Chalamont, chez le Greffier de Paix.

Champagne-en-Valromay, chez le Greffier de Paix.

Châtillon-sur-Chalaronne, Banque Lagnier, à Vonnas (Ain).

Vonnas, chez M. François Bernard.

Coligny, rue du Commerce, maison Rallière.

Collonges, maison Pillioud.

Ferney-Voltaire, chez le Greffier de Paix.

GEX, Etude Montbarbon.

Hauteville, maison Corbet.

Izernore, chez le Greffier de Paix.

Lagnieu, avenue du Fort.

AIN *(Suite)*

Lhuis, à la Pavia.

Meximieux, Rue de Lyon, maison J. Buisson.

Montluel, avenue des Platanes, maison P. Grandjean.

Miribel, à la Mairie, chez M. Cochaud.

Montrevel, *Poste Restante.*

NANTUA, place d'Armes, maison Robert.

Oyonnax, Grande-Rue, maison Ballet.

Poncin, avenue des Saules, 8, chez M. Auguste Bichet.

Pont-d'Ain, rue Lafayette. 31, à Paris.

Pont-de-Vaux, à la Banque Tendret, Rive & Cⁱᵃ.

Pont-de-Veyle, Grande-Rue.

Saint-Rambert, Grande-Rue, 26.

Saint-Trivier-de-Courtes, maison Bouillon.

Saint-Trivier-sur-Moignans, Etude Gravier.

Seyssel, maison Masse.

Thoissey, rue de l'Arquebuse, maison Chambisseur.

Treffort, Etude Ferret.

TRÉVOUX, rue du Palais, chez M. G. Drevon.

Villars-les-Dombes, route de Trévoux.

Virieu-le-Grand, rue des Pélands.

Certains Abonnés joignent quatre francs à leurs bulletins pour obtenir une réponse succincte par dépêche ; la plupart du temps les Correspondants leur donnent satisfaction, mais nous déclinons toute responsabilité à ce sujet. (Voir page 6, nos instructions spéciales concernant les renseignements télégraphiques).

AISNE

Se servir exclusivement de nos enveloppes libellées comme suit : « Monsieur l'Agent-Correspondant du Contentieux Européen » en complétant sans aucune omission par les adresses indiquées ci-dessous.

LAON, rue Saint-Martin, 14.

Anizy-le-Château, chez le Greffier de Paix.

Aubenton, chez le Greffier de Paix.

Bohain, rue de l'Eglise, 32.

Braine, rue Bailleul, 19.

La Capelle, Etude P. Anceaux.

Le Catelet, rue Lafayette, 31, à Paris.

Charly-sur-Marne, rue Emile-Morlot, 45.

CHATEAU-THIERRY, rue du Collège, 12.

Chauny, rue Ganton, 3.

Condé-en-Brie, chez le Greffier de Paix.

Coucy-le-Château (*localité seulement*), chez M. Elfège Lamy. (Pour toutes les autres Communes de ce Canton, s'adresser à Paris.)

Craonne, chez le Greffier de Paix, à Beaurieux (Aisne).

Crécy-sur-Serre, rue des Telliers, maison Loitron.

La Fère, rue Lafayette, 31, à Paris.

Fère-en-Tardenois, rue Lafayette, 31, à Paris.

Guise, chez le Greffier de Paix.

Hirson, place d'Armes, 5.

Marlo, faubourg Saint-Nicolas, 41.

Moy, chez le Greffier de Paix.

Neufchâtel-sur-Aisne, chez M. Henri Bouchez.

Neuilly-Saint-Front, rue de Soissons, 32.

Le Nouvion, Etude Piot.

AISNE (*Suite*)

Oulchy-le-Château, maison M. Fournier.

Ribemont, rue Condorcet, 60.

Origny-Sainte-Bénotte, Grande-Rue, 143.

Rozoy-sur-Serre, rue du Collège, 10.

Sains-Richaumont, place des Preslets, chez M. Charlent.

SAINT-QUENTIN, rue des Frères-Desains, 1.

Saint-Simon (*localité seulement*), Grande-Rue, chez
  M. Fernand Lefèvre.
  (Pour toutes les autres Commune de ce Canton, s'adresser à Paris.)

Sissonne, rue de Montcornet, 5, à Notre-Dame de Liesse
  (Aisne).

SOISSONS, rue Plocq, 16.

Vailly-sur-Aisne, chez le Greffier de Paix.

Vermand, rue Lafayette, 31, à Paris.

VERVINS, rue de Paris, 6.

Vic-sur-Aisne, Etude Desnot.

Villers-Cotterets, Etude Bertram.

Wassigny, Etude Albert Tesson.

Toute correspondance autre que les bulletins à remplir sur les cantons indiqués au présent Répertoire doit être adressée à Paris.

Les Abonnés ne doivent envoyer à nos Correspondants que des bulletins *munis de leur talon de droite.*

ALLIER

Se servir exclusivement de nos enveloppes libellées comme suit: «Monsieur l'Agent-Correspondant du Contentieux Européen» en complétant sans aucune omission par les adresses indiquées ci-dessous.

MOULINS, avenue Théodore-de-Banville, 22.

Bourbon-l'Archambault, rue de la Paroisse, maison Jouandon.

Cérilly, au Secrétariat de la Mairie.

Chantelle-le-Château, route de Saint-Pourçain, maison Ress.

Chevagnes, rue Lafayette, 31, à Paris.

Commentry, rue du Commerce, 6.

Cusset, place Félix-Cornil, 2.

Bost, rue Lafayette, 31, à Paris.

Dompierre-sur-Besbre, rue St-Louis, chez M. J. Martin.

Le Donjon, Quartier du Château, chez M. Augustin Melin.

Ebreuil, Etude Lavedeau.

Escurolles, Etude Bernon.

GANNAT, rue des Fossés, maison Bajaud.

Hérisson, Etude Maire.

Huriel, Etude Pasquier.

Jaligny, rue Lafayette, 31, à Paris.

Lurcy-Lévy, Etude Lamiral.

Marcillat, rue de Versailles, maison J. Marie, n° 3.

Mayet-de-Montagne, Grande-Rue, maison Larrat.

Le Montet, place de l'Eglise, maison Sérange.

MONTLUÇON, rue de Paris, 85.

Montmarault, place d'Armes.

Neuilly-le-Réal, maison P. Rive.

LA PALISSE, Etude Charles Martin.

Saint-Pourçain-sur-Sioule, rue Albert Ier, maison Auboire.

Souvigny, Etude Petit.

Varennes-sur-Allier, rue de Vouroux, maison Emile Chavenet.

Vichy-les-Bains, place de la République, 14.

ALPES (BASSES-)

•

DIGNE, boulevard Gassendi, 68.

Allos, rue Lafayette, 31, à Paris.

Annot, Grande-Rue, maison Richerme.

Banon, place de la République, maison Gondran.

BARCELONNETTE, rue Manuel, maison Gassier.

Barrême, sur le boulevard, maison Martin.

CASTELLANE, rue Nationale, 25.

Colmars, au Moulin, chez M. Roux.

Entrevaux, aux Galeries du Pont, chez M. Louis Grac.

FORCALQUIER, chez M. Camille Henry.

La Javie, rue Lafayette, 31, à Paris.

Le Lauzet, chez le Greffier de Paix.

Manosque, boulevard des Lices, 37.

Les Mées, place de l'Eglise, maison J.-B. Blanc, à Oraison.

Mézel, chez M. Adrien Comte, à Estoublon, par Mézel.

La Motte-du-Caire, chez M. Adolphe Massot.

Moustiers-Sainte-Marie, chez M. Serrailler.

Noyers-sur-Jabron, boulevard de la Prise.

Reillanne, chez le Greffier de Paix.

Riez, maison F. Bondil.

St-André-de-Méouilles, Etude Gibert.

Saint-Étienne-les-Orgues, place du Four, maison Chabus.

Saint-Paul, chez le Greffier de Paix.

Senez, rue Lafayette, 31, à Paris.

Seyne, rue Bourgade H. R.

SISTERON, place de la Mairie, 14.

Turriers, rue Lafayette, 31, à Paris.

Valensole, Etude Richaud.

Volonne, Etude Siaux, à Château-Arnoux.

ALPES (HAUTES-)

Se servir exclusivement de nos enveloppes libellées comme suit : «Monsieur l'Agent-Correspondant du Contentieux Européen» en complétant sans aucune omission par les adresses indiquées ci-dessous.

GAP, rue Carnot, 57.

Aiguilles, maison Falque.

L'Argentière, chez le Greffier de Paix, à la Roche-de-Rame (Hautes-Alpes).

Aspres-sur-Buech, chez M. Auguste Commelly.

Barcillonnette, villa des Cerisiers, à Tallard.

La Bâtie-Neuve, Grande-Rue, maison Gelpy.

BRIANÇON, Grande-Rue, 69.

Chorges, Etude Garcin.

EMBRUN, place La Mazilière, chez M. Eugène Garnier.

La Grave-en-Oysans, rue Lafayette, 31, à Paris.

Guillestre, chez M. Jérome Cerca.

Laragne, villa du Château-d'Eau, près la Gare.

Monétier-les-Bains, maison Louis Robert.

Orcières, rue Lafayette, 31, à Paris.

Orpierre, route Nationale, café du Progrès, à Serres.

Ribiers, villa du Château-d'Eau, près la Gare, à Laragne.

Rosans, rue Lafayette, 31, à Paris.

Saint-Bonnet, rue Lafayette, 31, à Paris.

Saint-Etienne-en-Dévoluy, rue Lafayette, 31, à Paris.

Saint-Firmin-en-Valgodemard, chez M. Ernest-Hippolyte Faure.

Savines, Assurances, Recouvrements.

Serres, route Nationale, café du Progrès.

Tallard, villa des Cerisiers.

Veynes, rue Berthelot, 14.

Toute réclamation doit être adressée dans les cinq jours à Paris, en y joignant le duplicata de la demande.

ALPES-MARITIMES

Se servir exclusivement de nos enveloppes libellées comme suit : « Monsieur l'Agent-Correspondant du Contentieux Européen » en complétant sans aucune omission par les adresses indiquées ci-dessous.

1° **NICE,** rue de Paris, 12.

2° **NICE,** rue Gioffredo, 48.

Antibes, place de la Victoire, 7.

Vallauris, Golfe-Juan et *Juan-les-Pins,* impasse Lecès, à Golfe-Juan.

Bar-sur-le-Loup, rue Lafayette, 31, à Paris.

Beausoleil, rue Lafayette, 31, à Paris.

Breil, maison Pierre Cottalorda.

Cagnes (*localité seulement*), rue Général-Bérenger, chez M. Michel Bagnis.

(Pour toutes les autres Communes de ce Canton, s'adresser à Paris.)

Cannes, rue d'Oran, 7.

Contes, rue Lafayette, 31, à Paris.

Coursegoules, rue Lafayette, 31, à Paris.

L'Escarène, rue du Château, maison Pellegrin.

GRASSE, place Maximin-Isnard, chez M. Gustave Voynnet.

Guillaumes, Etude Paul Fournier.

Levens, quartier Saint-Roch, maison Esmiol.

Menton, Saint-Michel, 21.

Roquebrune-Cap-Martin, Consortium de la Rivièra, quartier Bon Voyage.

PUGET-THÉNIERS, villa Sainte-Marie, chez M. Bouvas.

Roquebillière, rue Droite, maison Garin, à Saint-Martin-Vésubie.

Roquesteron, rue Lafayette, 31, à Paris.

Saint-Auban, chez M. Bellon, à la maison d'école.

Saint-Martin-Vésubie, rue Droite, maison Garin.

Saint-Sauveur-sur-Tinée, route Nationale, chez M. François Péglion.

Saint-Vallier, rue Lafayette, 31, à Paris.

Sospel, route Nationale, chez M. Michel Domerego.

Utelle, chez le Greffier de Paix.

Vence, chez le Greffier de Paix.

Villars-du-Var, rue du Marché, 2.

Villefranche, Villa Trucchi, quartier de l'Octroi.

La Turbie, rue Lafayette, 31, à Paris.

ARDÈCHE

Se servir exclusivement de nos enveloppes libellées comme suit : « Monsieur l'Agent-Correspondant du Contentieux Européen » en complétant sans aucune omission par les adresses indiquées ci-dessous.

PRIVAS, Cours du Palais, 7.

Annonay, boulevard de la République, 23.

Antraigues, Etude Coulomb.

Aubenas, Etude Henri Mazet.

Vals-les-Bains, avenue de la Gare, maison Ribeyre.

Bourg-Saint-Andéol (*localité seul*), au Secrétariat de la Mairie.
  (Pour toutes les autres Communes de ce Canton. s'adresser à Paris.)

Burzet, maison Alix.

Le Cheylard, chez M. A. Hourdin.

Chomérac, à la Banque Grasset, au Pouzin (Ardèche).

Coucouron, maison H. Valette.

Joyeuse, à la Calade, à Joyeuse.

Lamastre, au Champ-de-Mars, maison E. Jobert.

LARGENTIÈRE, maison H. Gébelin.

Montpezat, maison Chabaud.

Rochemaure, maison Audouard.

Saint-Agrève, maison Rostaing.

Saint-Étienne-de-Lugdarès, maison Auguste Gourgeon.

Saint-Félicien, rue Lafayette, 31, à Paris.

Saint-Martin-de-Valamas, chez M. Auguste Testut.

Saint-Péray, sur le quai, maison Roure.

Saint-Pierreville, chez le Greffier de Paix.

Satillieu, Grand'Rue, maison Pignal.

Serrières, quai Jules-Roche, maison Guilhermet.

Thueyts, maison A. Vincent, place St-Bonnet à Jaujac.

TOURNON-SUR-RHONE, place du Marché, maison Roger Carbonnel.

Valgorge, rue Lafayette, 31, à Paris.

Vallon, maison Paul Chamontin.

Les Vans, place du Marché, maison Rouvière.

Vernoux, chez le Greffier de Paix.

Villeneuve-de-Berg, place de l'Obélisque.

Viviers, route Nationale, chez M. Henri Raoux.

La Voulte-sur-Rhône, rue Thiers, maison Jullian.

ARDENNES

\ Se servir exclusivement de nos enveloppes libellées comme
suit : «Monsieur l'Agent-Correspondant du Contentieux Européen»
en complétant sans aucune omission par les adresses indiquées
ci-dessous.

MÉZIÈRES, quai du Parc, 29 (près le Pont d'Arche).
Asfeld, maison Auterbe.
Attigny, place Charlemagne, chez M. Chavanne.
Buzancy, chez le Greffier de Paix.
Carignan, maison Collin, en face l'avenue de la Gare.
Charleville, rue Dubois-Crancé, 4.
Nouzonville, place Victor-Hugo, 2.
Château-Porcien, rue du Faubourg-de-Liesse, maison Fréal.
Chaumont-Porcien, chez le Greffier de Paix.
Le Chesne, chez le Greffier de Paix.
Flize, route Nationale, 72.
Fumay, rue des Rochettes, 5.
Revin, rue Emile-Zola, 3.
Givet, place Méhul, 11.
Grandpré (*localité seulement*), rue du Château, chez
  M. Jules Ducloux.
  (Pour toutes les autres Communes de ce Canton, s'adresser à Paris.)
Juniville, chaussée Adda, en face du Moulin-Neuf.
Machault, chez le Greffier de Paix.
Monthermé, rue Lafayette, 31, à Paris.
Monthois, chez le Greffier de Paix.
Mouzon, place de l'Eglise, 15 & 17.
Novion-Porcien (*localité seulement*), au Secrét. de la Mairie.
Omont, rue de la Vallée.
Poix-Terron, place de la Gare, chez M. L. Wahart.
Raucourt-et-Flaba, Grande-Rue, maison Béthune.
Renwez, villa et rue de Versailles.
RETHEL, Etude Rény.
ROCROI, chez M. Jean Leheutre.
Rumigny (*localité seulement*), au Secrétariat de la Mairie·
Liart, rue du Commerce, 18.
La Férée, rue du Commerce, 18, à Liart.
Merlemont, rue du Commerce, 18, à Liart.
  (Pour toutes les autres Communes de ce Canton, s'adresser à Paris.)
SEDAN, rue des Moulins, 16.
Signy-l'Abbaye, rue Lafayette, 31, à Paris.
Signy-le-Petit, Etude Lebrun.
Tourteron, chez M. Henri Descloux.
VOUZIERS, rue Chanzy, 41.

ARIÈGE

FOIX, rue du Rival, 9.

Ax, avenue Delcassé, 7.

La Bastide-de-Sérou, chez le Greffier de Paix.

Les Cabannes, chez M. Albert Jauze, à Tarascon.

Castillon, maison Argela.

Le Fossat, chez M. Gaëtan de Baud.

Lavelanet, avenue de Foix, maison Vidal.

Le Mas-d'Azil, chez M. Paul Pons.

Massat, Etude Rouge.

Mirepoix (*localité seulement*), cabinet Ch. Bonnery.

Labastide-sur-l'Hers, quartier de la Ville, chez M. Edmond Bonnet.

Laroque-d'Olmes, route de Grande-Communication, chez M. Baptiste Jalabert.
   (Pour les autres Communes de ce Canton, s'adresser à Paris.)

Oust, maison Peytou.

PAMIERS, Etude Lagreu.

Sainte-Croix, rue Lafayette, 31, à Paris.

SAINT-GIRONS, rue Saint-Valier, chez M. Jean-Paul Barthe fils.

Saint-Lizier, rue du Castella, chez M. Joseph Marfaing, à Pamiers.

Saverdun, chez le Greffier de Paix.

Tarascon, chez le Greffier de Paix.

Varilhes, rue Saint-Michel, maison Bonzom.

Vic-Dessos, Arceaux de Vic-Dessos, chez M. Dandine.

Il est indispensable de mentionner sur l'enveloppe de demande de renseignements la rue et le numéro du Correspondant ou l'indication qui y supplée.

AUBE

Se servir exclusivement de nos enveloppes libellées comme suit: «Monsieur l'Agent-Correspondant du Contentieux Européen» en complétant sans aucune omission par les adresses indiquées ci-dessous.

TROYES, rue Thiers, 162.

Aix-en-Othe, rue Notre-Dame, maison Hanriot.

ARCIS-SUR-AUBE, rue Grassin, 15.

BAR-SUR-AUBE, rue d'Aube, 14.

BAR-SUR-SEINE, Grande-Rue, 133.

Bouilly, rue de la Basse-Garnier, maison Schérer, à Saint-Jean-de-Bonneval.

Brienne-le-Château, Grande-Rue de l'Ecole Militaire, 48.

Chaource, Etude Cardon.

Chavanges, maison Emile Potelle, près l'Eglise.

Ervy, rue Victor-Hugo, 17.

Essoyes, place de l'Hôtel-de-Ville, maison Talbot.

Estissac, rue Jean-Hector, chez M. Jules Odot.

Lusigny, Etude Brandt.

Marcilly-le-Hayer, Grande-Rue, 103.

Méry-sur-Seine, rue Grande, maison Boisseaux.

Mussy-sur-Seine, maison Van den Bergh, à Gyé-sur-Seine.

NOGENT-SUR-SEINE, rue des Fossés, 1.

Piney, rue Hautefeuille, chez M. Gabriel Nicolas.

Ramerupt, Grande-Rue, maison Courtin.

Les Riceys, chez M. Auguste Prignot.

Romilly-sur-Seine, rue Gambetta, 50.

Soulaines, rue Duplessis, maison Gouaille.

Vendeuvre, rue Michel, 6.

Villenauxe-la-Grande, rue du Château, chez M. Oscar Halais.

Toute demande faite *sans bulletin* est interdite.

AUDE

CARCASSONNE, rue Victor-Hugo, 31.

Alaigne, maison Gély, à Belvèze.

Alzonne, chez M. Louis Marsinaire.

Axat, rue du Quartier-Neuf, chez M. Louis Canavy, à Quillan (Aude).

Belcaire, rue de la Mairie, en face l'Hôtel-de-Ville.

Belpech, rue Saint-Joseph, chez M. Elie Vidal.

Capendu, rue Victor-Hugo, 31, à Carcassonne.

CASTELNAUDARY, rue du Planoulet, 32.

Chalabre, cours du Bassin, maison Boulbès.

Conques, chez M. Paul Maurel.

Couiza, chez le Greffier de Paix.

Coursan, rue Auber, 9, à Narbonne.

Durban, chez M. Elie Théron, à Thézan (Aude).

Fanjeaux, rue de l'Ecole, maison Chambert.

Ginestas, en face l'Ecole des Filles.

Ouveillan, chez M. Maynard.

Sallèles-d'Aude, rue Molière, chez M. A. L. Vié.

Lagrasse, Etude Albet.

Lézignan (*localité seulement*), rue Barbès, 16.
   (Pour toutes les autres Communes de ce Canton, s'adresser à Paris.)

LIMOUX, rue Malcousinat, 16.

Mas-Cabardès, rue de Laucate, chez M. Camelière.

Montréal (*localité seulement*), place Saint-Vincent, 3.

Mouthoumet, place Publique, à Lanet.

NARBONNE, rue Maraussan, 2.

Peyriac-Minervois, Etude Massot.

Quillan, rue du Quartier-Neuf, chez M. Louis Canavy.

Saint-Hilaire, rue Malcousinat, 16, à Limoux.

Saissac, rue Large, 10.

Salles-sur-l'Hers, chez M. Marius Satgé.

Sigean, avenue de Narbonne, 33.

La Nouvelle, au Secrétariat de la Mairie.

Tuchan, chez le Greffier de Paix.

AVEYRON

Se servir exclusivement de nos enveloppes libellées comme suit : « Monsieur l'Agent-Correspondant du Contentieux Européen » en complétant sans aucune omission par les adresses indiquées ci-dessous.

RODEZ, place d'Armes, 4.

Aubin, rue du Fromental, maison Veuve Maurs.

Cransac, au Secrétariat de la Mairie.

Belmont, chez M. Gabriel Fournier.

Bozouls, chez M. Panassié, hôtel de la Rotonde.

Camarès, Etude Bénezeth.

Campagnac, rue Lafayette, 31, à Paris.

Capdenac Gare (*localité seulement*), rue Cayrade, 20, à Decazeville.

Asprières, au Secrétariat de la Mairie.
 (Pour toutes les autres Communes de ce Canton, s'adresser à Paris).

Cassagnes-Bégonhès, Grand'Rue, maison Gardes.

Conques, place de l'Arbre de la Liberté.

Cornus, Etude Hugonenq.

Decazeville, rue Cayrade, 51, chez M. Aymard.

Entraygues, Etude Revel.

ESPALION, route d'Estaing, chez M. Jules Castelle.

Estaing, Etude Guizard.

Laguiole, quartier de la Violette, maison Vernières.

Laissac, maison Valadier.

Marcillac, avenue de Moulines, maison Galtié.

MILLAU, boulevard de la République, 13.

Montbazens, Etude Carnajac.

Mur-de-Barrez, chez le Greffier de Paix.

Najac, place du Faubourg, chez M. Alfred Garric.

Nant, maison Joseph Malzac.

Naucelle, maison Joseph Bayol.

AVEYRON (*Suite*)

Peyreleau, chez M. Louis Méjean.

Pont-de-Salars, chez M. Gayraud-Pascal.

Requista, Etude Audouard.

Rieupeyroux, maison Vialar.

Rignac, rue Lafayette, 31, à Paris.

SAINT-AFFRIQUE, avenue de la Gare, 34.

Saint-Amans-des-Cots, maison Germain Vallat.

Saint-Beauzély, avenue de Millau, maison Gence.

Saint-Chély-d'Aubrac, chez le Greffier de Paix.

Sainte-Geneviève, Etude Lacan.

Saint-Geniez-de-Rive-d'Olt, place du Fruit, maison Camille
Carel.

Saint-Rome-de-Tarn, rue Lafayette, 31, à Paris.

Saint-Sernin-sur-Rance, rue du Fort, maison Bourguy.

Salles-Curan, av. de Millau, maison Gence, à St-Beauzély.

La Salvetat-Peyralès, chez le Greffier de Paix.

Sauveterre, chez M. Maurice Cavaignac.

Sévérac-le-Château, maison Thibaut.

Vézins, chez M. Benjamin Toscan.

VILLEFRANCHE, rue Alibert, 7.

Villeneuve, Etude Vivent.

Les Négociants doivent toujours se défier des Clients qui leur font une commande *directement* sans l'entremise d'un Représentant ou Voyageur.

BOUCHES-DU-RHONE

Se servir exclusivement de nos enveloppes libellées comme suit: «Monsieur l'Agent-Correspondant du Contentieux Européen» en complétant sans aucune omission par les adresses indiquées ci-dessous.

MARSEILLE, rue Consolat, 56.

AIX, rue Victor-Leydet, 18.

ARLES, rue des Porcelets, 41.

Port-Saint-Louis-du-Rhône, ancienne Eglise.

Aubagne (*localité seulement*), chez M. André Jayne.

Berre (*localité seulement*), chez M. Albert Moutte.

Rognac, chez M. P. Valette à la Mairie.
(Pour toutes les autres Communes de ces deux Cantons s'adresser à Paris.)

Châteaurenard, rue de l'Égalité, chez M. Antonin Ginoux.

La Ciotat, Villa Marie, avenue des Anglais, quartier Maltemps.

Cassis, rue de la Commune, maison Chaix.

Roquefort-la-Bédoule, rue Lafayette, 31, à Paris.
(Pour toutes les autres Communes de ce Canton, s'adresser à Paris.)

Eyguières, rue Réalet.

Lamanou, chez M. Georges Faucon, à Mallemort (Bouches-du-Rhône).

Mallemort, chez M. Georges Faucon.

Gardanne (*localité seulement*), boulevard de Forbin, 31.
(Pour toutes les autres Communes de ce Canton, s'adresser à Paris.)

Istres, boulevard Dethes.

Lambesc, rue d'Avignon, 1.

Charleval, chez M. Georges Faucon, à Mallemort (Bouches-du-Rhône).

Rognes et Saint-Cannat, chez M. Georges Faucon, à Mallemort (Bouches-du-Rhône).
(Pour toutes les autres Communes de ce Canton s'adresser à Paris).

Martigues, boulevard Mongin, maison Raphel.

Port-de-Bouc, rue Gambetta, chez M. Paul Dupuy.

Orgon, route Nationale, maison Sudron.

Peyrolles, enclos Barrême.

Roquevaire, Etude Lombard.

Saint-Rémy, avenue Durand-Maillaux, maison Bertrand.

Salon, cours Gimon, 18.

Tarascon, boulevard Victor-Hugo, 36.

Trets, rue Féraud, Etude Bergès.

CALVADOS

CAEN, rue de Géole, 105.

Aunay-sur-Odon, rue de Villers, maison Girard.

Balleroy, rue du Sapin, 36.

Littry, Etude Lamprière.

BAYEUX, rue de Bellefontaine, près la Croix-Rouge.

Bény-Bocage, chez le Greffier de Paix.

Blangy-le-Château, Etude Blet.

Bourguébus, rue de Géole, 105, à Caen.

Bretteville-sur-Laize, route de Gouvix, 1.

Cambremer, logis Marrayfer.

Caumont, rue de Vire, maison Besnard.

Condé-sur-Noireau, Etude Barbier.

Creully, chez le Greffier de Paix.

Douvres, Etude Marie.

Luc-sur-Mer, rue Lafayette, 31, à Paris.

Dozulé, rue du Marché, à Dives-sur-Mer.

Evrecy, Etude Houel, à Sainte-Honorine-du-Fay.

FALAISE, rue Grande Eperonnière, maison Varignon.

Honfleur, rue Chaussée, 26.

Isigny, Etude Edm. Morel.

LISIEUX, rue Condorcet, 4.

Livarot, Etude Jouanne.

Mézidon, boulevard de la Gare, maison Louis Reverchot.

Morteaux-Coulibœuf, Etude Rageot.

Orbec, rue Carnot, 5 et 7.

CALVADOS *(Suite)*

PONT-L'ÉVÊQUE, Grande-Rue Saint-Michel, 65.
Ryes, maison Etienne.
Saint-Pierre-sur-Dives, rue et près de l'Eglise.
Saint-Sever, Grande-Rue, maison Lehideux.
Thury-Harcourt, rue Lafayette, 31, à Paris.
Tilly-sur-Seulles, rue d'Enfer, chez M. René Rocques.
Trévières, chez le Greffier de Paix.
Troarn, rue des Murs, maison Massier.
Cabourg, maison Veuve Clément Cavé.
Trouville-sur-Mer, rue de la Mer, 17.
Vassy, Etude Baillemont.
Villers-Bocage, Grande-Rue, chez M. Margueritte.
VIRE, rue des Degrès, 2.

Ce Répertoire d'Adresses est la propriété exclusive du Contentieux Européen.

Les Abonnés n'en peuvent faire usage qu'en utilisant simultanément les Bulletins de leur Carnet d'Abonnement.

Voir à la page 2 de la couverture nos instructions spéciales relatives au remplacement du présent Répertoire.

CANTAL

Se servir exclusivement de nos enveloppes libellées comme suit : « Monsieur l'Agent-Correspondant du Contentieux Européen » en complétant sans aucune omission par les adresses indiquées ci-dessous.

AURILLAC, rue du Monastère, 12.

Allanche, rue Lafayette, 31, à Paris.

Champs-de-Bort, chez le Greffier de Paix.

Chaudesaigues, rue Marchande, maison Buche.

Condat-en-Feniers, Etude Eugène Migne.

Laroquebrou, place du Champ-de-Foire, maison Aurliaguet.

Massiac, Etude Brocard.

MAURIAC, rue de la République, 26.

Maurs, maison Vaurs, près la Poste.

Montsalvy, Grande-Rue, maison Garrouste.

MURAT, rue Saint-Martin, maison Teissèdre-Couderc.

Pierrefort, maison Pagès.

Pléaux, chez M. Mialaret Père, propriétaire

Riom-ès-Montagnes, Etude Picard.

Ruines, chez M. J. Cambou.

Saignes, Etude Dumas Félix.

Saint-Cernin, Etude Mas.

SAINT-FLOUR, rue Marchande, 20.

Saint-Mamet, chez M. Ch. Gramond.

Salers, Etude Lombard.

Vic-sur-Cère, rue Basse, 33.

Pour contrôler un renseignement, il suffit d'adresser un nouveau bulletin à la Direction, à Paris, en écrivant sur ce bulletin d'une façon apparente le mot : *Contrôle.*

La réponse est faite par un autre Correspondant.

CHARENTE

ANGOULÊME, rue d'Austerlitz, 19.

Aigre, Etude Renard.

Aubeterre, Etude Leydet.

Baignes-Sainte-Radegonde, Grande-Rue, maison Paul Pénard.

BARBEZIEUX, place du Haut-Faubourg, 3.

Blanzac, rue de Montmoreau, 1, près la Gare.

Brossac, rue de la Poste, chez M. Gourdon, propriétaire.

Chabanais, Etude Arnaud.

Chalais, à la Banque Jules Bontemps.

Champagne-Mouton, Etude H. A.

Châteauneuf-sur-Charente, place de l'Eglise, chez M. Raymond Dutel.

COGNAC, Place de la Corderie, 29.

CONFOLENS, rue du Pont Larriguy, maison Gabaud.

Hiersac, maison Jean Bodet, quartier du Vignaud.

Jarnac, rue Saint-Louis, 5.

Mansle, chez le Greffier de Paix.

Saint-Angeau, maison Clerfeuille.

Montbron, rue Froide, maison Raynaud.

Montembœuf, chez le Greffier de Paix.

Montmoreau, route de Chalais.

La Rochefoucauld, place du Champ de Foire, maison Moreau.

Rouillac, chez le Greffier de Paix.

RUFFEC, Maison Paul Niquet.

Saint-Amant-de-Boixe, chez M. Ulysse Mesnard.

Saint-Claud-sur-le-Son, Etude Frelet.

Segonzac, maison Chalon.

Villebois-la-Valette, rue d'Austerlitz, 19, à Angoulême.

Villefagnan, route Nationale, 33, à Ruffec.

CHARENTE-INFERIEURE

Se servir exclusivement de nos enveloppes libellées comme suit: « Monsieur l'Agent-Correspondant du Contentieux Européen » en complétant sans aucune omission par les adresses indiquées ci-dessous.

LA ROCHELLE, Route du Vélodrome, chez M. Giraud-Lafond.

Aigrefeuille, rue Lafayette, 31, à Paris.

Archiac, rue du Champ-de-Foire, maison Loizeau.

Ars-en-Ré, maison Victor Brullon, à la Couarde.

Aulnay, chez M. Anatole Château.

Burie, chez M. Roger Bouillard.

Château-d'Oléron, rue du Port, 8.

Courçon, Grande-Rue, chez M. Pain.

Cozes, chez M. Emile Lucazeau.

Mortagne-sur-Gironde, Etude Motard.

Gémozac, chez M. A. Demenier.

La Jarrie, Maison Béasse.

JONZAC, rue des Carmes, chez M. Lucazeau.

Loulay, place de la Mairie, chez M. Anatole Paris.

Marans, rue des Fours, 13.

MARENNES, rue Le Terme, 4.

Matha, rue Lafayette, 31, à Paris.

Mirambeau, chez le Greffier de Paix.

Montendre, rue du Nord, chez M. Terrier.

Montguyon, chez M. J. Couture, agent d'affaires.

Montlieu, chez M. E. Motard.

Pons, chez le Greffier de Paix.

ROCHEFORT, rue Thiers, 80.

Royan, rue de la Plage, 6.

Saint-Agnant, chez le Greffier de Paix.

Saint-Genis, Etude Duzon.

Saint-Hilaire, chez le Greffier de Paix.

SAINT-JEAN-D'ANGÉLY, rue Duret, quartier Saint-Eutrope.

Saint-Martin-de-Ré, rue de Sully, 2.

CHARENTE-INFÉRIEURE (*Suite*)

Saint-Pierre-d'Oléron, rue d'Arceau, chez M. Marcel Jean.
Saint-Porchaire, Grande-Rue, '' Secours-Assurances ''.
Saint-Savinien, quai de la Grue, maison Favard.
SAINTES, rue Alsace-Lorraine, 33.
Saujon, rue Pierre-de-Campet, 22.
Surgères, rue de l'Hôtel-de-Ville.
Tonnay-Boutonne, chez M. Ernest Girouin.
Tonnay-Charente, route de Rochefort, maison Fouillade.
La Tremblade, rue Foran, 13.

Pour tous Recouvrements de Créances, Productions à Faillites, Procès, Consultations juridiques, Rédaction d'Actes sous seing privé,

EMPLOYEZ

NOTRE SERVICE "CONTENTIEUX"

dont vous lirez les conditions à la page 3 de la couverture.

CHER

BOURGES, place de la Préfecture, 2.

Les Aix-d'Angillon, rue de l'Agriculture, 5.

Argent, chez le Greffier de Paix.

Aubigny-sur-Nère, rue Porte-Sainte-Anne, 6, à Aubigny-Ville.

Baugy, rue du Gué, chez M. Guillaume.

La Chapelle-d'Angillon, maison Garnier.

Charenton-sur-Cher, route nationale d'Angoulême à Nevers, maison Pierre, à Charenton-sur-Cher.

Charost, rue Brivault, chez M. Etienne Reverdy.

Saint-Florent-sur-Cher, rue du Cher, 55.

Châteaumeillant, place du Marché, maison Henry.

Châteauneuf-sur-Cher, rue de la Chaussée, maison Bernard.

Le Châtelet, Grande-Rue, maison Chagnon.

Dun-sur-Auron, rue Saint-Vincent, 5.

Graçay, Grande-Rue-de-l'Echellerie, 22.

La Guerche-sur-l'Aubois, Grande-Rue, maison Lagarde.

Henrichemont, rue Dauphine, chez M. Félix Champault.

Léré, chez M. Joseph Billon.

Levet (*localité seulement*), rue Nationale, maison Léon Gaillat.
(Pour toutes les autres Communes de ce Canton, s'adresser à Paris.)

Lignières, Grande-Rue, maison André.

Lury-sur-Arnon, route de Vierzon, chez M. Tastet.

Mehun-sur-Yèvre, place du 14-Juillet, 7.

Nérondes, rue de la Croix-Blanche, 9.

SAINT-AMAND-MONTROND, Etude Chômet.

Saint-Martin-d'Auxigny, place du Marché.

Saucergues, Etude Branger.

SANCERRE, rue du Carroir-de-Velours, 9.

Sancoins, rue de Nevers, Etude Naudin.

Saulzais-le-Potier, chez le Greffier de Paix.

Vailly-sur-Sauldre, Etude Chevallier.

Vierzon, rue du Champanet, chez M. Duquesnay, à Vierzon-Ville.

CORRÈZE

Se servir exclusivement de nos enveloppes libellées comme suit : «Monsieur l'Agent-Correspondant du Contentieux Européen» en complétant sans aucune omission par les adresses indiquées ci-dessous.

TULLE, quai de Valon, 7.

Argentat, maison Eyrolles et Cⁱᵉ.

Ayen, chez M. J. Charles.

Beaulieu, rue Nationale, 140.

Beynat, Etude Charlot.

Bort, place de l'Hôtel-de-Ville, maison Dubernard.

BRIVE, boulevard Docteur Marbeau, 11 *bis*.

Bugeat, chez M. Chastagner-Laroubine.

Corrèze, chez le Greffier de Paix.

Donzenac, maison Charles Renaudet.

Allassac, impasse Notre-Dame, maison Baril.

Egletons, place du Marchadial, maison Auguste Dumont.

Eygurande, maison Dubois.

Juillac, maison Louis Reillier.

Lapleau, route d'Egletons, chez M. François Gauthier.

Larche, rue de l'Eglise, chez M. Jean Jorly.

Lubersac, rue Saint-Jean, maison Faure.

Mercœur, chez le Greffier de Paix.

Meymac, Etude Dars.

Meyssac (*localité seulement*), quartier de Versailles, maison Dreleyre.
  (Pour toutes les autres Communes de ce Canton, s'adresser à Paris.)

Neuvic, chez le Greffier de Paix.

La Roche-Canillac, Etude Jouannet.

Saint-Privat, chez M. Adolphe Faucher Fils, Assurances.

Seilhac, route Nationale, maison Meneyrol.

Sornac, chez le Greffier de Paix.

Treignac, rue du Plau, chez M. Léon Vialle.

USSEL, route de Tulle, maison François Dars.

Uzerche, avenue de Tayac, maison Bessé.

Vigeois, maison Masdupuy, propriétaire.

CORSE

Se servir exclusivement de nos enveloppes libellées comme suit: «Monsieur l'Agent-Correspondant du Contentieux Européen» en complétant sans aucune omission par les adresses indiquées ci-dessous.

AJACCIO, rue de la Nouvelle-Gendarmerie, 4.

BASTIA, rue Sampiero, 2.

Bonifacio, rue Doria, maison Guilhem.

CALVI, chez M. Marcel Spinosi.

CORTE, cours Paoli, maison Houpe.

L'Ile Rousse, chez M. J.-B. Ferrandi.

Porto-Vecchio, Etude Susini.

Sainte-Lucie-de-Tallano, chez M. Don-Jean Santa-Lucia.

SARTÈNE, case Postale, 6.

(S'adresser à Paris pour les autres cantons)

OBSERVATION. — Les renseignements sur la Corse sont toujours difficiles à obtenir. En général les Correspondants craignent de se compromettre quand la situation est mauvaise.

Pour les Recouvrements de Créances la situation est encore plus grave et, en dehors des villes d'Ajaccio et de Bastia, on se heurte à des difficultés inconcevables.

Nous prions nos Abonnés de bien se pénétrer de ces vérités et d'agir avec la plus grande prudence.

COTE-D'OR

DIJON, rue Jeannin, 1.

Aignay-le-Duc, rue de l'Isle, maison Devanne.

Arnay-le-Duc, rue Auguste-Dubois, maison Briolet.

Auxonne, rue Gustave-Noblemaire, 34.

Baigneux-les-Juifs, rue de la Poste, maison Goudeau.

BEAUNE, rue des Tonneliers, 22.

Bligny-sur-Ouche, Etude Vallée.

CHATILLON-SUR-SEINE, rue Saint-Vorles, 6.

Fontaine-Française, chez M. Alfred Bellon.

Genlis, chez le Greffier de Paix.

Gevrey-Chambertin, route Nationale.

Grancey-le-Château, rue Copellerot, maison Marlot..

Is-sur-Tille, rue Dominique-Ancemot, 22.

Laignes, maison Louis Terrillon.

Liernais, chez le Greffier de Paix.

Mirebeau-sur-Bèze, rue de Bèze, ancienne maison Vionnois.

Montbard, rue d'Abrantès, 28.

Montigny-sur-Aube, rue de Margelle, 2.

Nolay, rue des Huiliers, 1, maison Mignotte.

Nuits-Saint-Georges, chez M. F. Brugère.

Pontailler-sur-Saône, Grande-Rue, maison Pichot.

Pouilly-en-Auxois, maison L. Lebreton.

Précy-sous-Thil, rue du Château, maison Godefroy.

Recey-sur-Ource, rue de la Bussière, maison Désiré.

Saint-Jean-de-Losne, rue Carnot, maison Griffon.

Saint-Seine-l'Abbaye, chez M. Jean Bel.

Saulieu, place de la Halle, 1.

Selongey, chez M. François Breton.

SEMUR, rue du Bourg-Voisin, 20.

Seurre, Etude Marcel Géniaux.

Sombernon, chez l'Agent de l'Abeille.

Venarey, route d'Alise, coin du Chemin-Vert, aux Laumes.

Vitteaux, rue Lafayette, 31, à Paris.

COTES-DU-NORD

Se servir exclusivement de nos enveloppes libellées comme suit: «Monsieur l'Agent-Correspondant du Contentieux Européen» en complétant sans aucune omission par les adresses indiquées ci-dessous.

SAINT-BRIEUC, place Saint-Pierre, 11.

Bégard, Etude Jégou.

Belle-Isle-en-Terre, chez M. Marius Andrieu.

Bourbriac, chez M. F. Leizour.

Broons, maison Richard.

Callac, Etude Yves Aurégan.

Châtelaudren, chez le Greffier de Paix.

La Chèze, Etude Lorant.

Collinée, maison Paul Jaffrélo.

Corlay, chez le Greffier de Paix.

DINAN, rue Georges-Clemenceau, 19.

Etables, rue du Cimetière, maison Jullo, à Plouha.

Evran, chez le Greffier de Paix.

Gouarec, chez M. François Le Fouiller.

GUINGAMP, rue Notre-Dame, 41.

Jugon, sur la Place, maison Jean Orveillon.

Lamballe, Etude Yves Le Goff.

LANNION, place du Marhallach, maison Le Mignot.

Lanvollon, rue de la Mairie, maison Darsel.

Lézardrieux, Etude Le Gall.

LOUDÉAC, place de l'Eglise.

Maël-Carhaix, rue Sainte-Catherine.

Matignon, rue Saint-Pierre, maison Bois-Radan.

Merdrignac, chez le Greffier de Paix.

Moncontour, Etude Veillet-Deslandelles.

Mûr-de-Bretagne, chez M. Maurice Rousselot.

Paimpol, chez le Greffier de Paix.

COTES-DU-NORD (*Suite*)

Perros-Guirec, boulevard du Commandant-Baudet, chez M. Joseph Kerroux.

Plancoët, Etude Rénier.

Plélan-le-Petit, chez le Greffier de Paix.

Pléneuf, chez M. Ch. Bridoux.

Erquy, chez Madame Vétier jeune, ''Les Lianes'' à Erquy.

Plestin-les-Grèves, chez M. Jean-Marie Martin.

Plœuc, rue du Jeu-de-Paume, 5, à Quintin.

Plouaret, maison Jean Jégou.

Ploubalay, Etude Gautier.

Plouguenast, au Secrétariat de la Mairie.

Plouha, rue du Cimetière, maison Jullo.

Pontrieux, rue de la Presqu'ile, maison Le Huërou.

Quintin, rue des Forges.

La Roche-Derrien, rue de la Fontaine, maison E. Guyomard.

Rostrenen, rue Olivier-Perrin, chez M. Louis Le Cunff.

Saint-Nicolas-du-Pélem (*localité seulement*), chez M. Louis Marion.
(Pour toutes les autres Communes de ce Canton, s'adresser à Paris.)

Tréguier, Etude Jullo.

Uzel, Etude Le Moal.

Il existe quelques petits Cantons où le fonctionnement du Service Direct est défectueux, c'est pourquoi nous ne les mentionnons pas au Répertoire. — Pour ces quelques Cantons, les Abonnés devront adresser leurs bulletins à la Direction de Paris.

CREUSE

Se servir exclusivement de nos enveloppes libellées comme suit: «Monsieur l'Agent-Correspondant du Contentieux Européen» en complétant sans aucune omission par les adresses indiquées ci-dessous.

GUÉRET, rue Martinet, chez M. A. Michonet.

Ahun, Grande-Rue.

AUBUSSON, place du Pont-Neuf, 1.

Auzances, Etude Adolphe Herraud.

Bellegarde, chez le Greffier de Paix.

Bénévent-l'Abbaye, rue Saint-Victurnien.

Bonnat, avenue de la Gare, chez M. Gabriel Constant.

BOURGANEUF, rue de Verdun, 1.

BOUSSAC, rue des Loges, maison Turpinat.

Chambon, chez le Greffier de Paix.

Chatelus-Malvaleix, maison Mégret.

Chénérailles, Grande-Rue, maison Rouzier-Ecole.

La Courtine, chez M. Chabannes, au Greffe.

Crocq, chez M. F. Vallanet.

Dun-le-Palleteau, chez M. P. Roux.

Évaux, à la Mairie.

Felletin, avenue Joffre, maison Dumilieu.

Gentioux, chez M. Mounaud, à Lachaud-Courraud, par Gentioux.

Le Grand-Bourg-Salagnac, avenue du Pont, 10.

Jarnages, chez Madame Marie Martial.

Pontarion, chez le Greffier de Paix.

Royère, Etude Corps.

Saint-Sulpice-les-Champs, rue Lafayette, 31, à Paris.

Saint-Vaury, maison Lescure.

La Souterraine, boulevard Mestadier, maison Beaumont.

Toute réclamation doit être adressée dans les cinq jours à Paris en y joignant le duplicata de la demande.

DORDOGNE

PÉRIGUEUX, avenue Daumesnil, 2.

Beaumont, Etude Tremblais.

Belvès, place de Foncastel.

BERGERAC, place du Marché, chez M. Brassem.

Brantôme, rue Pierre-de-Mareuil, 29.

Le Bugue, chez le Greffier de Paix.

Bussières-Badil, Etude Lafarge, à Piégut-Pluviers.

Cadouin, rue Saint-Bernard, 1.

Carlux, en face la Pharmacie.

Champagnac-de-Bel-Air, chez le Greffier de Paix.

Domme, Etude A.. Larnaudie.

Excideuil, avenue Gambétta, maison Ruffin.

Eymet, route du Pont-de-Juillet, maison Arlot.

Hautefort, maison Freyssenge.

Issigeac, chez M. Charles Royère.

Jumilhac-le-Grand, maison Veuve Robert.

Laforce (*localité seulement*), chez M. J. Durand, au Cinquet, commune de Prigonrieux.

Prigonrieux, chez M. J. Durand, au Cinquet.
   (Pour toutes les autres Communes de ce Canton, s'adresser à Paris.)

Lalinde, rue du Zouave.

Lanouaille, Etude P. Robert.

Mareuil, rue Lafayette, 31, à Paris.

Monpazier, chez le Greffier de Paix.

Monpont-sur-l'Isle, rue Thiers, chez M. Barrat.

Montagrier, chez M. Jean Larivière.

Montignac, chez le Greffier de Paix.

Mussidan, chez le Greffier de Paix.

Neuvic-sur-l'Isle, chez M. Faure-Laurice.

NONTRON, rue Camille-Chabaneau, 30.

RIBÉRAC, rue des Mobiles-de-Coulmiers.

Sainte-Alvère, maison Archez-Biran.

Saint-Astier, maison Egretaud fils.

DORDOGNE *(Suite)*

Saint-Aulaye, chez le Greffier de Paix.

La Roche-Chalais, Etude Bousquet.

Saint-Cyprien, maison Martinaud, cité Archambeau.

Saint-Pardoux-la-Rivière, maison Fongaufier, rue des Fadettes, 211.

Saint-Pierre-de-Chignac, chez le Greffier de Paix.

Salignac, chez le Greffier de Paix.

SARLAT, Etude Gervais Bonnefon.

Savignac-les-Eglises, chez le Greffier de Paix.

Sigoulès, chez le Greffier de Paix.

Terrasson, maison Alexandre Mallet.

Thenon, chez M. Joffre.

Thiviers, rue du Thon, 20.

Vélines, chez M. Ballège, géomètre, à Montcaret.

Vergt, Grande-Rue, chez M. Gorce.

Verteillac, chez M. Léon Grel.

Villamblard, chez M. Achille Chazot.

Villefranche-de-Longchapt, maison Gabriel Grollier.

Villefranche-du-Périgord, Etude Gervais Bonnefon, à Sarlat (Dordogne).

Le présent Répertoire n'est utilisable que pendant le cours de l'année 1927.

Voir à la page 2 de la Couverture nos instructions spéciales relatives à son remplacement.

DOUBS

Se servir exclusivement de nos enveloppes libellées comme suit: «Monsieur l'Agent-Correspondant du Contentieux Européen» en complétant sans aucune omission par les adresses indiquées ci-dessous.

BESANÇON, Grande Rue, 31.

Amancey, (*localité seulement*), à la Mairie, chez M. Tissot.

(Pour toutes les autres Communes de ce Canton, s'adresser à Paris.)

Audeux, maison Boudaux, à Recologne (Doubs).

Audincourt, rue du Château, 4.

BAUME-LES-DAMES, rue Courvoisier, 4.

Boussières (*localité seulement*), au Secrétariat de la Mairie.

Saint-Vit, chez M. Lucien Fougeroux.

(Pour toutes les autres Communes de ce Canton, s'adresser à Paris).

Clerval, Etude Girardot.

Sancey-le-Grand, place Fontaine, rue Mercier, maison Bobillier.

Hérimoncourt, Grande-Rue, 34, boucherie Weill.

Isle-sur-le-Doubs, Etude Guichard.

Levier, Etude Poncet.

Maiche, rue de la Gare, chez M. Ulysse Faivre.

Marchaux, chez M. Tripogney.

MONTBÉLIARD, place de l'Enclos, maison Gros.

Montbenoit, Etude Rognon.

Morteau, rue de la Chaussée, 1.

Mouthe, chez le Greffier de Paix.

Ornans, chez M. Maurice Rochet.

Pierrefontaine-les-Varans, Grande-Rue, maison Besancenot,

PONTARLIER, rue du Cours, 7.

Pont-de-Roide, maison Etevenard.

Quingey, place d'Armes, maison Posty.

Rougemont, rue de la Gare, chez M. Edmond Pétrequin.

Roulans, chez M. Louis-Jules Jolicard.

Le Russey, chez le Greffier de Paix.

Saint-Hippolyte, chez M. Germain Richard.

Vercel, maison Pone, au Valdahon (Doubs).

DROME

VALENCE, rue Général-Farre, 7.

Bourdeaux, chez M. Emile Roche.

Bourg-de-Péage, place Jacquemart, 20, à Romans.

Le Buis-les-Baronnies, place du Champ-de-Mars, chez M. Léon Mondet.

Chabeuil, chez le Greffier de Paix.

La Chapelle-en-Vercors, maison Veuve Duclot.

Châtillon-en-Diois, rue Neuve, 13.

Crest, rue des Colonnes, 11.

DIE, place de la République, 24.

Dieulefit, rue du Bourg, chez M. Camille Chastan.

Le Grand-Serre, rue Basse, place Neuve.

Grignan, maison Georges Prin.

Loriol, Etude Callier.

Luc-en-Diois, chez le Greffier de Paix.

Marsanne, chez M. Henri-Emile Peloux.

MONTÉLIMAR, rue Féraud, 1.

La Motte-Chalançon, chez M. S. P. Chambron.

NYONS, place aux Herbes, 22.

Pierrelatte, Grande-Rue, maison Delegue.

Rémuzat, maison Mathieu-Bompard.

Romans, place Jacquemart, 20.

Saillans, quartier du Pont, chez M. Baptistin Delègue.

Saint-Donat, rue Pasteur, 15.

Saint-Jean-en-Royans, chez M. Adrien Rey.

Saint-Paul-Trois-Châteaux, place Castellañe, maison de la Fabrique.

Saint-Vallier, rue Président-Wilson, 11.

Séderon, chez le Greffier de Paix.

Tain, route de Valence, aux Pillettes, chez M. Henri Montlivier.

EURE

ÉVREUX, rue du Président Huet, 58.

Amfreville-la-Campagne, chez le Greffier de Paix.

LES ANDELYS, rue Lelièvre, chez M. Jallain.

Beaumesnil, ''Villa de Mes Rêves''.

La Barre-en-Ouche, Etude Balavoine.

Beaumont-le-Roger, chez M. Jules Boutel, à Beaumontel par Beaumont-le-Roger.

BERNAY, rue Gambetta, 2.

Beuzeville, place de la Mairie, chez M. Léon Baudouin.

Bourgtheroulde, Etude Prévret, à Boissey-le-Châtel (Eure).

Breteuil, place Houdouard, chez M. Gilbert Georges.

Brionne, place de Frimont-des-Essarts, maison Issartel.

Broglie, rue de Bougy, maison Monnier.

Conches, rue de la Grand'Mare, 5.

Cormeilles, rue de Lisieux, 12.

Damville (*localité seulement*), rue Laval.
(Pour toutes les autres Communes de ce Canton, s'adresser à Paris.)

Écos, chez M. H. Detrès.

Étrepagny, chez le Greffier de Paix.

Fleury-sur-Andelle, rue Emile Parquet, maison Caron.

Gaillon, rue de l'Abreuvoir, 8*bis*.

Gisors, place du Marché-aux-Poissons, 5.

LOUVIERS, rue Tatin, 3.

Lyons-la-Forêt, rue Lafayette, 31, à Paris.

Montfort-sur-Risle, maison Bobée, assurances, à Corneville-sur-Risle.

Le Neubourg, place du Château, 20.

EURE (*Suite*)

Nonancourt, rue Saint-Martin, 3.

Pacy-sur-Eure, rue Isambard, 74.

· PONT-AUDEMER, maison Bobée, assurances, à Corneville-sur-Risle.

Pont-de-l'Arche, route du Vaudreuil, maison Samain.

Quillebeuf, Etude Vallemont, à Bourneville (Eure).

Routot, Etude Levavasseur, à Bourg-Achard.

Rugles, rue Grande.

Saint-André-de-l'Eure, avenue Victor-Hugo, 8.

Saint-Georges-du-Vièvre, chez M. Marcel Aubé.

Thiberville, rue de Lisieux.

Verneuil, rue de la Madeleine, 97.

Bourth, rue de Verneuil, chez M. Alfred Gosset.

Vernon, avenue Gambetta, 11.

. **Toute demande** *télégraphique* **doit être adressée à** *Paris*, **nos Agents n'étant pas tenus à renseigner directement par cette voie.**

Cependant certains Abonnés joignent quatre francs à leurs bulletins pour obtenir une réponse succincte par dépêche ; la plupart du temps les Correspondants leur donnent satisfaction, mais nous déclinons toute responsabilité à ce sujet. (Voir page 6, nos instructions spéciales concernant les renseignements télégraphiques).

EURE-ET-LOIR

Se servir exclusivement de nos enveloppes libellées comme suit : « Monsieur l'Agent-Correspondant du Contentieux Européen » en complétant sans aucune omission par les adresses indiquées ci-dessous.

CHARTRES, rue des Bouchers, 38.

Anet, rue Diane-de-Poitiers, près la Mairie.

Auneau, place de l'Église, chez M. Paul Moreau.

Authon, Etude Couronne.

La Bazoche-Gouët, place du Marché, maison Plisson-Dufour.

Bonneval, promenade du Mail, 3.

Brezolles, Etude Rouvray.

Brou, avenue de la Gare, 22.

CHATEAUDUN, rue du Lion-d'Or, 24.

Châteauneuf-en-Thimerais, rue Lafayette, 31, à Paris.

Cloyes, Place Gambetta, maison Chanteloup.

Courville, rue Pannard, chez M. F. Anthore.

DREUX, rue d'Orléans, 18.

La Ferté-Vidame, rue Delaborde, 37.

Illiers, rue Docteur-Proust, chez M. Gervais.

Janville, rue du Château, chez M. Paty.

La Loupe, rue de la Gare, 5.

Maintenon, rue Lafayette, 31, à Paris.

Epernon, rue de la Madeleine, 16.

Gallardon, rue de l'Hôtel-Dieu, maison Voisin André.

Nogent-le-Roi, rue des Grenets, 6.

NOGENT-LE-ROTROU, rue Saint-Hilaire, 133.

Orgères, chez M. le Directeur de la Mutuelle d'Orgères.

Senonches, rue de Dreux, 4.

Thiron-Gardais, maison Rouelle.

Voves, chez M. Adelmar Garby.

FINISTERE

QUIMPER, rue Saint-Marc, 3.

Bannalec, rue du Pont-Aven, chez M. Baron.

BREST, rue Lannourou, 23*bis*.

Briec, au bourg, maison René Trellu.

Carhaix, rue de Brest, 2.

CHATEAULIN, rue de Brest, 12.

Châteauneuf-du-Faou, Etude Castéran.

Concarneau, rue Nationale, 13.

Crozon, rue de Reims, 31.

Daoulas, rue Lafayette, 31, à Paris.

Douarnenez, rue du Pont, 28.

Le Faou, chez le Greffier de Paix.

Fouesnant, rue Kéréon, 33, à Quimper.

Huelgoat, route de Berrien, chez M. Jean Brenaut.

Landerneau, (*localité seulement*), rue de la Tour-d'Auvergne, 57.
(Pour toutes les autres Communes de ce Canton, s'adresser à Paris.)

Landivisiau, rue Georges-Clemenceau, 43.

Lanmeur, Pors-av-Saux.

Lannilis, maison Le Moullec, à Kergroas, près Lannilis.

Lesneven, Etude Roudaut.

MORLAIX, Étude Fabre, Kéravel, à Morlaix.

Ouessant, chez M. Quinquis.

Plabennec, maison Le Moullec, à Kergroas, près Lannilis.

Pleyben, chez le Greffier de Paix.

FINISTÈRE *(Suite)*

Plogastel-Saint-Germain, Etude Berrou.
Ploudalmézeau, rue Plouguin, 1, chez M. A. Rouquet.
Ploudiry, rue Lafayette, 31, à Paris.
Plouescat, maison F. M. Le Boulch.
Plouigneau, route de la Gare, maison Berre.
Plouzévédé, rue Lafayette, 31, à Paris.
Pont-Aven, maison Furic.
Pont-Croix *(localité seulement)*, au Secrétariat de la
   Mairie.
Audierne, rue Guesno, 1.
   (Pour toutes les autres Communes de ce Canton, s'adresser à Paris.)
Pont-l'Abbé, rue Burdeau, 9.
QUIMPERLÉ, chez le Greffier de Paix.
Rosporden, rue du Moulin, maison Leroux.
Saint-Pol-de-Léon, Grande-Rue, 4.
Saint-Renan, place La Feuillée, chez M. Eugène Le Gall.
Saint-Thégonnec *(localité seulement)*, au bourg, chez
   M. Jean Kerriel.
   (Pour toutes les autres Communes de ce Canton, s'adresser à Paris.)
Scaër, chez M. Louis Toulgoat.
Sizun, chez le Greffier de Paix.
Taulé *(localité seulement)*, au Secrétariat de la Mairie.
   (Pour toutes les autres Communes de ce Canton, s'adresser à Paris.)

**Il existe quelques petits Cantons où le
fonctionnement du Service Direct est défectueux; c'est pourquoi nous ne les mentionnons pas au Répertoire. — Pour ces quelques Cantons, les Abonnés devront adresser leurs bulletins à la Direction de Paris.**

GARD

Se servir exclusivement de nos enveloppes libellées comme suit: «Monsieur l'Agent-Correspondant du Contentieux Européen» en complétant sans aucune omission par les adresses indiquées ci-dessous.

NIMES, route de Beaucaire, 91.

Aigues-Mortes (*localité seulement*), rue Pasteur, 33.

Le Grau-du-Roi, rue Pasteur, 33, à Aigues-Mortes.
> (Pour toutes les autres Communes de ce Canton, s'adresser à Paris).

ALÈS, chez M. Firmin Bastide, rue des Casernes, 20.

Alzon, place de la Mairie, maison Gay.

Anduze, au boulevard, villa des Glycines.

Aramon, chez le Greffier de Paix.

Bagnols-sur-Cèze, rue Léon-Alègre, 23.

Barjac, place de l'Eglise, 1.

Beaucaire, rue Frédéric-Mistral, maison Pons.

Bessèges, maison René Illaire.

Génolhac, avenue Rastel, maison Bondurand, à Chamborigaud.

La Grand'Combe, rue de la République, 10.

Lasalle, Grand'Rue, chez M. Alfred Lacombe.

Lédignan, place de Brie, maison Fernand Maurin, à Anduze.

(Pour Boucoiran, Dommessargues et Mauressargues, s'adresser à Paris.)

Lussan, maison C. Chastanier.

Marguerittes, chez M. Paul Jarrige.

Pont-Saint-Esprit (*localité seulement*), rue Haut-Mazeau, à la Librairie.
> (Pour toutes les autres Communes de ce Canton, s'adresser à Paris.)

Quissac, rue de Nîmes, chez M. Louis Olivier.

Remoulins, chez M. Théodore Avon, à la Mairie.

Roquemaure, rue Carnot, maison Boyer.

Saint-Ambroix, boulevard du Portalet, 47.

Saint-André-de-Valborgne, rue Lafayette, 31, à Paris.

Saint-Chaptes, rue Lafayette, 31, à Paris.

Saint-Gilles-du-Gard, rue de la République, maison Raya.

Saint-Hippolyte-du-Fort, Etude Louis Chapus.

Saint-Jean-du-Gard, rue des Bourgades, maison Deleuze.

Saint-Mamert, chez le Greffier de Paix.

Sauve, place des Casernes.

Sommières, rue Général-Brueyre, maison Fosse-Robert.

Sumène, Etude Antonin Blanc.

GARD *(Suite)*

Trèves, chez M. Maurice Redon.
UZÈS, rue de la République, 7.
Valleraugue, Etude Paul Pagès.
Vauvert, rue Voltaire, 20.
Codognan, chez M. Giernhoren, à Uchaud.
Mus, chez M. Giernhoren. à Uchaud.
Uchaud, chez M. Giernhoren.
Vergèze, chez M. Giernhoren, à Uchaud.
Vézenobres, rue de l'Hôtel-de-Ville, 12, à Alès.
LE VIGAN, rue Sous-le-Quai, 7.
Villeneuve-les-Avignon, Grand'Rue, chez M. Antoine Ricard.

Pour contrôler un renseignement, il suffit d'adresser un nouveau bulletin à la Direction, à Paris, en écrivant sur ce bulletin d'une façon apparente le mot : *Contrôle*.

La réponse est faite par un autre Correspondant.

Le présent Répertoire n'est utilisable que pendant le cours de l'année 1927.

Voir à la page 2 de la couverture nos instructions spéciales relatives à son remplacement.

GARONNE (HAUTE-)

Se servir exclusivement de nos enveloppes libellées comme suit: «Monsieur l'Agent-Correspondant du Contentieux Européen» en complétant sans aucune omission par les adresses indiquées ci-dessous.

1° TOULOUSE, rue de Constantine, 26.

2° TOULOUSE, place et Hôtel de la Bourse.

Aspet, rue Cardinal-Sourrieu, maison Demoiselle Sourrieu.

Aurignac, maison Lafforgue.

Auterive, place de la Mairie, chez M. Anouilh.

Bagnères-de-Luchon, Etude Lapeyre.

Barbazan, chez M. Thalamas, à Gourdan-Polignan.

Boulogne-sur-Gesse, chez le Greffier de Paix.

Cadours, Etude Guillaume Affres.

Caraman, chez le Greffier de Paix.

Carbonne, rue de l'Hôpital.

Castanet, place et Hôtel de la Bourse, à Toulouse.

Cazères, rue du Bourguet, maison Crouzet.

Cintegabelle (*localité seulement*), Etude Aymard.
 (Pour toutes les autres Communes de ce Canton, s'adresser à Paris.)

Le Fousseret, chez M. Paul Lavolte.

Fronton, Etude Cordes.

Grenade, maison Colombié.

L'Isle-en-Dodon, boulevard du Nord, maison Loubens.

Lanta, rue Lafayette, 31, à Paris.

Léguevin, chez M. François Luc.

Montastruc-la-Conseillère, Étude Faugère.

Montesquieu-Volvestre, chez M. Irénée Castex.

Montgiscard, maison Lasserre.

Montréjeau, rue Nationale, 7.

MURET, rue Gustave-Saint-Jean, maison Bataille.

Nailloux, chez le Greffier de Paix.

GARONNE (HAUTE-) (*Suite*)

Revel, chez le Greffier de Paix.

Rieumes, Union-Marroule.

Rieux, rue Lafayette, 31, à Paris.

Saint-Béat, place de l'Ecole, maison H. Périssé.

SAINT-GAUDENS, rue du Pouech, maison Ducos.

Saint-Lys, place Nationale, au Greffe.

Saint-Martory, rue de l'Eglise, maison Duran.

Salies-de-Salat, chez le Greffier de Paix.

Verfeil, chez le Greffier de Paix.

VILLEFRANCHE-DE-LAURAGAIS, à l'Agence de la Compagnie « l'Urbaine », quartier des Tabernolles.

Villemur, maison Aussal.

———

Ce Répertoire d'Adresses est la propriété exclusive du "Contentieux Européen".

L'Abonné doit s'en servir uniquement pour ses demandes de Renseignements Commerciaux et cela au moyen des bulletins de son carnet d'Abonnement.

———

GERS

AUCH, rue Gambetta, 45.

Aignan, rue de l'Eglise, maison Pujos.

1° Cazaubon (*localité seulement*), avenue de la Gare, chez M. Bernard Bayard;

2° Cazaubon (*le reste du canton*), Etude Dartigalongue, à Estang.

CONDOM, cours Salvandy, 4.

Eauze, rue de la Promenade, maison Rambaud.

Fleurance, avenue d'Auch, 14.

Gimont, quartier de la Sardine.

L'Isle-Jourdain, rue Maguelonne, maison Daumas.

Jegun, Grande-Rue, chez M. Jean Dumathieu.

LECTOURE, boulevard du Midi, cabinet Bonnet.

LOMBEZ, chez le Greffier de Paix.

Marciac, maison Joseph Abrial.

Masseube, chez le Greffier de Paix.

Mauvezin, rue d'Engilion et du Vieux-Temple, 1.

Miélan, rue Ritouri, maison Maurette.

Miradoux (*localité seulement*), foubourg du Midi, maison Gustave Guyon.
(Pour toutes les autres Communes de ce Canton, s'adresser à Paris.)

MIRANDE, avenue Chanzy, 8.

Montesquiou, chez le Greffier de Paix.

Montréal, maison Eloy.

Nogaro, chez le Greffier de Paix.

Plaisance, place de la Mairie, chez M. P. Guarrigues.

Riscle, place de la Halle-aux-Grains, chez M. Louis Jaudet.

Saint-Clar, place de l'Église.

Samatan, chez M. Campario, huissier.

Saramon, Grande-Rue, chez M. Joseph Dastugue.

Valence, cours Salvandy, 4, à Condom.

Vic-Fezensac, place du Commerce, maison Branet.

GIRONDE

Se servir exclusivement de nos enveloppes libellées comme suit: «Monsieur l'Agent-Correspondant du Contentieux Européen» en complétant sans aucune omission par les adresses indiquées ci-dessous.

BORDEAUX, rue Huguerie, 9.

Arcachon, chalet Rosa, cours Lamarque-de-Plaisance, 100

Audenge, chez M. Armand Hérissé.

Auros, maison Gustave Pasquier.

BAZAS, rue Pallas, à la Banque.

Belin, Etude Baignères.

Blanquefort, rue Huguerie, 9, à Bordeaux.

BLAYE, Façade du Port, 16.

Bourg-sur-Gironde, rue Cahoreau, maison Deu.

Branne, rue du Marché, maison Guillon.

Cadillac, chez M. Adrien Dupouy.

Captieux, chez le Greffier de Paix.

Carbon-Blanc, rue Huguerie, 9, à Bordeaux.

Castelnau-de-Médoc, avenue Gambetta, chez M. Fourié.

Castillon, rue de Caillou, maison Robert.

Coutras, rue de la République, 17.

Créon, rue de Sadirac.

Fronsac, rue Lafayette, 31, à Paris.

Grignols, chez le Greffier de Paix.

Guitres-sur-l'Isle, Étude Brieu.

Labrède, rue Lafayette, 31, à Paris.

Langon, cours des Fossés, maison Allary.

LESPARRE, rue de l'Abbé-Boyé, 1.

GIRONDE (*Suite*)

LIBOURNE, rue des Treilles, 1.
Lussac, rue d'Alsace-Lorraine, chez M. Grelet.
Monségur, rue Lafayette, 31, à Paris.
Pauillac, au Pouyallet, chez M. Abel Merlet.
Pellegrue, rue Lafayette, 31, à Paris.
Pessac, rue Lafayette, 31, à Paris.
Mérignac, au Secrétariat de la Mairie.
Podensac, Etude Castaing.
Barsac, Grande-Rue.
Pujols, Etude Coussirat, à Rauzan (Gironde).
LA RÉOLE, rue Numa-Ducros.
Saint-André-de-Cubzac, rue du Collège, 2.
Saint-Ciers-sur-Gironde, place de l'Eglise, maison Bourda.
Sainte-Foy-la-Grande, Etude Bastardie.
Saint-Laurent-de-Médoc, chez M. Raymond Brossard.
Saint-Macaire, chez M. J.-H. Descazeaux.
Saint-Savin, Etude Alexandre.
Saint-Symphorien, rue Thiers, maison Béziade.
Saint-Vivien, chez M. G. Aluome.
Sauveterre-de-Guyenne, au Secrétariat de la Mairie.
Targon, maison Destrac.
La Teste-de-Buch, chalet Rosa, cours Lamarque-de-Plaisance, 100, à Arcachon.
Villandraut, maison Pierre Allien.

Les Abonnés ne doivent pas visiter les Correspondants sans une lettre d'introduction de la Maison.

HÉRAULT

MONTPELLIER, rue du Petit-Saint-Jean, 2.

Agde, Étude Larroque.

Aniane, faubourg Notre-Dame, chez M. Joseph Joullië.

Bédarieux, chez le Greffier de Paix.

BÉZIERS, rue du Coq, 17.

Capestang, rue de l'Hospice, au Greffe.

Puisserguier, à la Mairie, chez M. Martin.

Castries, avenue de la Gare (*ancienne Poste*).

Le Caylar, chez M. Louis Ricaud.

Cette, quai de la Bordigue, 22.

Claret, chez M. A. Cabanis.

Clermont-l'Hérault, rue Lamartine, 28.

Florensac, rue Lafayette, 31, à Paris.

Castelnau-de-Guers, rue Michelet, 9, à Pézenas.

Frontignan, quai de la Bordigue, 22, à Cette.

Ganges, chez M. Gustave Vic.

Gignac, maison Saury.

LODÈVE, avenue de Fumel, maison Fernand Sibet.

Lunas, chez le Greffier de Paix.

Lunel, rue des Nouvelles, 7 et 9.

Les Matelles, maison Clauzel.

Mauguio, chez M. Maystre, Assurances.

Mèze, Étude Pierre Mallet.

Montagnac (*localité seulement*), chez M. Fernand Saltet.
   (Pour toutes les autres Communes de ce Canton, s'adresser à Paris.)

Murviel, chez M. G. David.

Olargues, au pont Saint-Roch, maison Adgé frères.

Olonzac, rue du 4-Septembre, chez M. Emile Barthès.

Pézenas, rue Michelet, 9.

Roujan, Etude Barthès.

HÉRAULT *(Suite)*

Saint-Chinian, rue de l'Eglise, maison Pigot.
Saint-Gervais-sur-Mare, rue Villeneuve, maison Malaval.
Lamalou-les-Bains, chez M. Jules Blayac, à la Mairie.
Saint-Martin-de-Londres, rue Lafayette, 31, à Paris.
SAINT-PONS, rue du Séminaire, chez M. Tonnerre.
La Salvetat-sur-Agout, chez M. Conort.
Servian, rue de la Cavette, maison Grégoire.
Montblanc, rue du Jeu-de-Ballon, maison Joubert fils.

Pour tous Recouvrements de Créances, Productions à Faillites, Procès, Consultations juridiques, Rédaction d'Actes sous seing privé,

EMPLOYEZ

NOTRE SERVICE "CONTENTIEUX"

dont vous lirez les conditions à la page 3 de la couverture.

ILLE-ET-VILAINE

Se servir exclusivement de nos enveloppes libellées comme suit: « Monsieur l'Agent-Correspondant du Contentieux Européen » en complétant sans aucune omission par les adresses indiquées ci-dessous.

RENNES, rue Chalais, 7.

Antrain-sur-Couesnon, Château de la Cour Orlande.

Argentré-du-Plessis, les Forges.

Bain, place Henri IV, maison Pouilloux.

Bécherel, rue Saint-Nicolas, chez M. Robert.

Cancale, chez le Greffier de Paix.

Châteaubourg, chez le Greffier de Paix.

Châteaugiron, Etude Racine.

Châteauneuf-d'Ille-et-Vilaine, rue Haute, chez M. Prosper Jouffe.

Combourg, rue de Chateaubriand, maison Morel.

Dinard-Saint-Enogat, rue des Bains, villa Eden-Belle-Plage.

Dol, avenue de la Gare, maison Delauney.

FOUGÈRES, rue Châteaubriant, 21.

Le Grand-Fougeray, rue du Pont-Saint-Père, maison Chenard.

La Guerche-de-Bretagne, pourtour Sud, chez M. Denis.

Guichen, Etude Le Cornec.

Hédé, Grande-Rue, maison Travers.

Janzé, avenue de la Gare, maison Arondel.

Liffré, rue d'Orléans, 5, à Rennes.

Louvigné-du-Désert, route de Saint-Brice.

Maure-de-Bretagne, route de Guer, chez M. Ropert-Muller.

Montauban-de-Bretagne, rue Lafayette, 31, à Paris,

MONTFORT-SUR-MEU, rue de Rennes, 7.

Mordelles (*localité seulement*), route de Chavagnes, maison Pierre Riaux.
(Pour toutes les autres Communes de ce Canton, s'adresser à Paris.)

Pipriac (*localité seulement*), chez M. Désiré Guiheux.
(Pour toutes les autres Communes de ce Canton, s'adresser à Paris.)

ILLE-ET-VILAINE *(Suite)*

Pleine-Fougères, chez M. Marie-Joseph Ogier.
Plélan-le-Grand, chez M. Albert Bedel.
REDON, place Saint-Sauveur, 2.
Rétiers, rue du Theil, chez l'Agent d'Assurances.
Saint-Aubin-d'Aubigné, rue de la Gare.
Saint-Aubin-du-Cormier, chez le Greffier de Paix.
Saint-Brice-en-Coglès, au Secrétariat de la Mairie.
SAINT-MALO, rue d'Orléans, 6.
Saint-Méen, chez le Greffier de Paix.
Saint-Servan, rue Georges-Clemenceau, 38.
Le Sel, place du Champ-de-Foire, maison Bréger, à Bain.
Tinténiac, chez le Greffier de Paix.
VITRÉ, rue de Sévigné, 7.

Il est indispensable de mentionner sur l'enveloppe de demande de renseignements la rue et le numéro du Correspondant ou l'indication qui y supplée.

Les Correspondants répondent pour toutes les Communes de leur Canton; ceux qui seront signalés comme n'apportant pas un soin suffisant dans la promptitude et dans la rédaction des réponses seront changés dans la prochaine édition du Répertoire.

INDRE

Se servir exclusivement de nos enveloppes libellées comme suit : « Monsieur l'Agent-Correspondant du Contentieux Européen » en complétant sans aucune omission par les adresses indiquées ci-dessous.

CHATEAUROUX, rue du Palais-de-Justice, 11.

Aigurande, place du Champ-de-Foire.

Ardentes, rue de la Gare, chez M. Fernand Naudin.

Argenton, rue d'Orjon, 45.

Belabre, place du Marché-au-Blé, 2.

LE BLANC, rue Saint-Lazare, 26.

Buzançais, rue de la Halle, maison Truchot.

Châtillon-sur-Indre, rue de Bellevue (à l'angle).

LA CHATRE, place George-Sand, 6.

Écueillé, rue des Moulins, à l'Etude.

Éguzon, chez M. Henri Chiret.

ISSOUDUN, rue de la République, 85.

Levroux, rue Nationale, maison Aufrère.

Mézières-en-Brenne, rue du Bout-du-Monde.

Neuvy-Saint-Sépulchre, rue de l'Enfer, maison Saget.

Saint-Benoît-du-Sault, rue de Belle-Rampe, maison Lagorce.

Saint-Christophe-en-Bazelle, rue Docteur Gaston-Tourangin, chez M. Edouard Leralle, à Chabris.

Saint-Gaultier, rue de Lignac, chez M. Georges Dumont.

Sainte-Sévère, maison Jouardon.

Tournon-Saint-Martin, Avenue de la Gare, chez M. Octave Roy.

Valençay, Etude Tissier.

Vatan, chez M. Lucien Darnault.

Se défier du nouveau Client venu sans l'intermédiaire d'un représentant.

INDRE-ET-LOIRE

Se servir exclusivement de nos enveloppes libellées comme suit: « Monsieur l'Agent-Correspondant du Contentieux Européen » en complétant sans aucune omission par les adresses indiquées ci-dessous.

TOURS, rue James-Cane, 36.

Amboise, rue de la Concorde, 13, chez M. Emile Gaugain.

Azay-le-Rideau, maison Hardouin, près la Gendarmerie.

Bléré, Etude Pénigaud.

Bourgueil, au Canal, maison Duveau.

Château-la-Vallière, rue de la Jacoberie, maison Moreau.

Château-Renault, Etude Dreux.

CHINON, rue Rabelais, 36.

Le Grand-Pressigny, chez le Greffier de Paix.

La Haye-Descartes, Etude Servant.

L'Ile-Bouchard, rue Gambetta, quartier Saint-Gilles.

Langeais, chez M. Goujon, à Planchoury-Langeais.

Ligueil, Etude Gagnepain.

LOCHES, rue de Mazerolles, place de Verdun.

Montbazon, rue de la Butte, chez M. Georges Blard.

Montrésor, rue Xavier-Branicki, maison Raguin.

Neuillé-Pont-Pierre, avenue de la Roue, chez M. Barrier-Baudrier.

Neuvy-le-Roi, rue Lafayette, 31, à Paris.

Preuilly-sur-Claise, Etude Bouchet.

Richelieu, route de Loudun, 15.

Sainte-Maure, au Secrétariat de la Mairie.

Vouvray, Etude Fortier.

Toute demande faite *sans bulletin* est interdite.

ISÈRE

GRENOBLE, rue Bayard, 13.

Allevard, rue Docteur-Mansard, chez M. Jean Thomasson.

Beaurepaire, quai des Terreaux, chez M. Coche.

Bourg-d'Oisans, rue Général-Bataille, maison Siaud.

Bourgoin, rue Victor-Hugo, 9.

Clelles-en-Trièves, chez M. Gabriel Ogier, encaisseur.

Corps, rue Montée-des-Fossés, maison Gauthier.

La Côte-Saint-André, rue Saint-André, 3.

Crémieu, avenue des Tilleuls, maison Quélin.

Domène, maison Guénaud, près la mairie.

Goncelin, chez M. Charles Janot.

Le Grand-Lemps, Etude Mercuel.

Heyrieux, maison Delorme, à Saint-Georges-d'Espéranche.

Mens, maison Guillot, à Saint-Jean-d'Hérans (Isère).

Meyzieu, Etude Ferrand.

Monestier-de-Clermont, maison Jules Vallier.

Morestel, rue de l'Église, chez M. J.-C. Dégrange.

Les Avenières, Etude Durand.

La Mure, rue du Breuil, 57.

Pont-de-Beauvoisin, rue Bayard, maison Veyret.

Pont-en-Royans, chez le Greffier de Paix.

Rives-sur-Fure, rue de la République, 34.

Moirans, rue de la République, chez M. F. Bernard.

Roussillon, maison Hanotte, au Péage-de-Roussillon.

Roybon, Grande-Rue, maison Rocher.

Saint-Étienne-de-Saint-Geoirs, chez M. A. Genevey.

Saint-Geoire-en-Valdaine, rue Saint-Paul-la-Gaieté, maison Chabert.

Saint-Jean-de-Bournay, rue de Capitan, 8.

ISÈRE (*Suite*)

Saint-Laurent-du-Pont, place de l'Eglise, maison Louis Maréchal.
SAINT-MARCELLIN, Grande-Rue, 21.
Saint-Symphorien-d'Ozon, chez le Greffier de Paix.
Sassenage, rue Lafayette, 31, à Paris.
LA TOUR-DU-PIN, rue Centrale, 4.
Le Touvet, chez M. Charles Janot, à Goncelin.
Tullins, rue de la Gare, chez M. Albert Pastre.
Valbonnais, chez le Greffier de Paix.
La Verpillière (*localité seulement*), chez M. Auguste Rigot à Frontonas-la-Léchère par la Verpillière.
(Pour toutes les autres Communes de ce Canton, s'adresser à Paris.)
VIENNE, Cours Wilson, 34.
Vif, Etude Bouvier.
Villars-de-Lans, rue Centrale, 2.
Vinay, chez le Greffier de Paix.
Virieu-sur-Bourbre, rue Lafayette, 31, à Paris.
Vizille, place Grenette, 5.
Voiron, rue Dode, 3.

Toute demande *télégraphique* doit être adressée à *Paris*, nos Agents n'étant pas tenus à renseigner directement par cette voie.

Cependant certains Abonnés joignent quatre francs à leurs bulletins pour obtenir une réponse succincte par dépêche ; la plupart du temps les Correspondants leur donnent satisfaction, mais nous déclinons toute responsabilité à ce sujet. (Voir page 6, nos instructions spéciales concernant les renseignements télégraphiques.)

JURA

LONS-LE-SAUNIER, rue Lecourbe, 18.

Arbois, rue de Bourgogne 4.

Arinthod, maison Charpillon frères.

Beaufort, Etude Courgeon.

Bletterans, rue Louis-le-Grand, maison Mercier.

Les Bouchoux, Etude Blanchon.

Champagnole, avenue de la République, 37.

Chaumergy, maison Richard.

Chaussin, maison Blanchot.

Chemin, rue du Mont-Roland, 9, à Dôle.

Saint-Aubin-du-Jura, rue Lafayette, 31, à Paris.

Clairvaux, rue Lafayette, 31, à Paris.

Conliège, chez le Greffier de Paix.

Dampierre, maison Depain.

DOLE, rue du Mont-Roland, 9.

Gendrey, chez M. L. Bapicot.

Moirans, *Poste restante*.

Montbarrey, sur la place, au marronnier, maison Maizier.

Montmirey-le-Château, Etude Larmier.

Morez, place du Marché, 1.

Nozeroy, rue de Pontarlier, 4, à Champagnole.

Orgelet, route de Lons-le-Saunier.

Les Planches-en-Montagne, maison Collin.

POLIGNY, rue Georges-Clemenceau, 56.

Rochefort, rue du Mont-Roland, 9, à Dôle.

Saint-Amour, passage des Deux-Portes.

SAINT-CLAUDE, avenue de la Gare, maison Grandclément.

Saint-Julien, Etude Convers à St-Amour (Jura).

Saint-Laurent-du-Jura, maison Thouverez, sur les Crets.

Salins, rue Gambetta, 27.

Sellières, chez le Greffier de Paix.

Villers-Farlay, Etude Carpentier, à Cramans (Jura).

Voiteur, route de Lons-le-Saunier, maison Giboudot.

LANDES

Se servir exclusivement de nos enveloppes libellées comme suit : «Monsieur l'Agent-Correspondant du Contentieux Européen» en complétant sans aucune omission par les adresses indiquées ci-dessous.

MONT-DE-MARSAN, Place de la Poste.

Aire-sur-l'Adour, Etude Descazeaux.

Amou, maison Lacóste.

Castets, avenue de la Mairie, villa Sosthène.

DAX, Etude Madray.

Gabarret, rue Marsan, chez M. Gaujous.

Geaune, maison Dulciré.

Grenade, chez le Greffier de Paix.

Hagetmau, place de la Liberté, maison Duboy frères.

Labrit, chez le Greffier de Paix.

Mimizan (*localité seulement*), au secrétariat de la Mairie.
(Pour toutes les autres Communes de ce Canton, s'adresser à Paris.)

Montfort-en-Chalosse, chez le Greffier de Paix.

Morcenx, chez le Greffier de Paix.

Mugron, rue du Port, chez M. Léon Cabiro.

Parentis-en-Born, à la Banque Ernest Labrousse, à Labouheyre (Landes).

Peyrehorade, rue Gambetta, maison Hougues.

Pissos, chez M. René Boutevin.

Pouillon, rue Gambetta.

Roquefort, rue Alphonse-Castaing, maison Delucq.

Sabres, à la Banque Ernest Labrousse, à Labouheyre (Landes).

Saint-Martin-de-Seignanx, chez le Greffier de Paix.

SAINT-SEVER, Etude Saint-Martin.

Saint-Vincent-de-Tyrosse, chez M. Jean Lassies.

Sore, chez le Greffier de Paix.

Soustons, avenue de Galleben.

Tartas, avenue de la Chalosse, maison Joseph Marsan.

Villeneuve-de-Marsan, rue d'Aire, maison de Calvière.

LOIR-ET-CHER

BLOIS, rue Denis-Papin, 40.

Bracieux, Etude C. Leguéret.

Contres, chez M. Georges Bimbenet.

Droué, rue de Paris, chez M. Laroche.

Herbault, Etude Bertrand, à Onzain.

Lamotte-Beuvron, chez M. André Baglan.

Marchenoir, Grande-Rue, maison Saget.

Mennetou-sur-Cher (*localité seulement*), chez M. Alexandre Pataut.
  (Pour toutes les autres Communes de ce Canton, s'adresser à Paris.)

Mer, rue du Temps.

Mondoubleau, avenue de la Gare, chez M. Henri Cosson.

Montoire, chez M. A. Fortier, assurances.

Montrichard, route de Tours, chez M. Couturier.

Morée, Etude Langlois.

Neung-sur-Beuvron, Etude Bellessort.

Ouzouer-le-Marché, avenue de la Gare, maison Pierre Masson.

ROMORANTIN, rue des Malards, 30.

Saint-Aignan, rue de la Pompe, 2, chez M. A. Martinet.

Saint-Amand, Etude Bardoulat.

Salbris, chez le Greffier de Paix.

Savigny-sur-Braye, rue Lafayette, 31, à Paris.

Selles-sur-Cher, Grande-Rue, chez M. Roger Jouanin.

Selommes, chez le Greffier de Paix.

VENDOME, impasse de la Cormegaie, 1.

Les Abonnés ne doivent pas visiter les Correspondants sans une lettre d'introduction de la Maison.

LOIRE

SAINT-ÉTIENNE, Grande-Rue de la Bourse, 25.

Belmont, chez M. Pierre Longin, maison Butty.

Boën-sur-Lignon, rue de Lyon, maison Jacquemond.

Le Bourg-Argental, Etude Rousset.

Le Chambon-Feugerolles, rue Gambetta, 40, maison Delavis.

Charlieu, boulevard Eugénie-Guinault, à la Banque.

Feurs, rue de la République, 22.

Firminy, rue Louis-Blanc, 2.

MONTBRISON, boulevard de la Préfecture, 12.

Néronde, Etude Javelle.

Noirétable, Etude Bazin.

La Pacaudière, maison Girard-Ribeyre.

Pélussin, Etude Sauvin.

Perreux, boulevard Jules-Ferry, 24, à Roanne.

Rive-de-Gier, rue Victor-Hugo, 9.

Lorette, rue de Saint-Paul, maison Bouillet.

ROANNE, boulevard Jules-Ferry, 24.

Saint-Bonnet-le-Château, place du Centre, chez M. Jules Deville.

Saint-Chamond, rue de la République, 44.

Izieux, rue des Côtes, 10.

Saint-Galmier, "La Frarie", à Saint-Galmier.

Saint-Genest-Malifaux, rue Gambetta, 40, au Chambon-Feugerolles.

Saint-Georges-en-Couzan, maison Flatin.

Saint-Germain-Laval, rue Nationale, maison Pition.

Saint-Haon-le-Châtel, chez le Greffier de Paix.

Saint-Héand (*localité seulement*), rue Lucien-Thiollier, chez M. Jacquet.
(Pour toutes les autres Communes de ce Canton, s'adresser à Paris.)

Saint-Jean-Soleymieux, Etude Mondon.

Saint-Just-en-Chevalet, maison Charret-Collet.

Saint-Rambert, place de la République.

Saint-Symphorien-de-Lay, Etude Bécaud.

LOIRE (HAUTE-)

LE PUY, rue des Farges, 58.

Allègre, Etude Vincent.

Auzon, maison Comptour.

Bas-en-Basset, avenue de la Sablière, maison Thellière.

Blesle, maison Brugerolle-Bost.

BRIOUDE, place du Valla, maison Barthélemy.

Cayres, maison Pierre Pellissier.

La Chaise-Dieu, chez le Greffier de Paix.

Craponne, chez M. Jean Dodel.

Fay-sur-Lignon, chez M. André Fournel.

Langeac, Banque Barthélemy.

Lavoûte-Chilhac, rue du Pont, maison Archaud.

Loudes, chez M. Louis Robert, au Greffe.

Le Monastier, rue Saint-Pierre, chez M. J.-R. Monteil.

Monistrol-sur-Loire, à la Banque Clémenson.

Montfaucon, Etude J. Roussel.

Paulhaguet, rue de la Cure.

Pinols, chez le Greffier de Paix.

Pradelles, place de la Halle, chez M. Arnaud.

Saint-Didier-la-Seauve, rue de la Mairie, maison Besset.

Saint-Julien-Chapteuil, Etude Barriol.

Saint-Paulien, quartier de La Prade, maison Denave.

Saugues, Etude Romeuf.

Tence, chez M. Charles Riou.

Vorey-sur-Arzon, Etude Forestier.

YSSINGEAUX, rue des Fossés, maison Saby-Montagnon.

Toute réclamation doit être adressée dans les cinq jours à Paris en y joignant le duplicata de la demande.

LOIRE-INFÉRIEURE

Se servir exclusivement de nos enveloppes libellées, comme suit: «Monsieur l'Agent-Correspondant du Contentieux Européen» en complétant sans aucune omission par les adresses indiquées ci-dessous.

NANTES, rue Danton, 1.

Aigrefeuille, rue de Montbert, maison Leray.

ANCENIS, Basse Grande-Rue, 10, maison Bocé.

Blain, avenue Sortais, maison Bricaud.

Bouaye, au Bourg, chez M. L. Bouguie.

Bourgneuf-en-Retz, rue de la Gare, maison Robin.

Carquefou, rue Lafayette, 31, à Paris.

La Chapelle-sur-Erdre, chez le Greffier de Paix.

CHATEAUBRIANT, rue de l'Hôtel-de-Ville, maison Couchot.

Clisson, Etude Albert.

Le Croisic, rue Dinan, chez M. Ch. François.

Le Pouliguen, rue du Pont, 6.

Derval, rue de Nozay, chez M. Ange Le Gouriédec.

Guéméné-Penfao, chez M. A. Lefort.

Guérande, boulevard du Midi, maison Brouillard.

La Baule, route du Pouliguen, maison Charles Martin.

Herbignac, place de la Chapelle, 3.

Legé, rue Lafayette, 31, à Paris.

Ligné, rue de la Gare, maison Epaillard, à Nort.

Le Loroux-Bottereau, rue de la Cure, maison Guérin.

Machecoul, rue du Marché.

Moisdon, rue de l'Hôtel-de-Ville, maison Couchot, à Châteaubriant.

Nort, rue de la Gare, maison Epaillard.

Nozay, rue Lafayette, 31, à Paris.

PAIMBŒUF, quai Eole, 25.

Le Pellerin, maison R. Gautier.

Pont-Château, villa les Rochers, chez M. Eugène Perraud.

Pornic, rue de l'Eglise, 10.

LOIRE-INFÉRIEURE (*Suite*)

Riaillé, route de Châteaubriant, maison Le Bris, à Saint-Mars-la-Jaille.

Rougé, aux Vallées-en-Rougé.

Saint-Etienne-de-Mont-Luc, boulevard de la Gare, chez M. Henri-Marcel Goussé.

Saint-Gildas-des-Bois, villa les Rochers, chez M. Eugène Perraud, à Pont-Château.

Saint-Julien-de-Vouvantes, route du Grand-Auverne, maison Herbert à Moisdon-la-Rivière (Loire Inférieure).

Saint-Mars-la-Jaille, route de Châteaubriant, maison Le Bris.

SAINT-NAZAIRE, rue du Calvaire, 21.

Saint-Nicolas-de-Redon, chez l'Agent de la "Séquanaise".

Saint-Père-en-Retz, maison Mettey.

Saint-Philbert-de-Grand-Lieu, chez le Greffier de Paix.

Savenay, place Saint-Martin, maison Greslé.

Vallet, rue du Pallet, chez M. Léonce Benoist.

Varades, Etude Jean Robert.

Vertou, rue Saint-Pierre, à l'Etude.

A notre époque de concurrence effrénée, où chaque Maison a des Voyageurs, des Représentants locaux visitant régulièrement la clientèle, il faut tenir pour suspecte toute demande de crédit émanant **directement** *d'un inconnu.*

De plus, nous rappelons qu'un seul renseignement est généralement insuffisant, car l'Agence n'est pas infaillible.

Par suite et dans leur propre intérêt, nous recommandons à nos abonnés de faire une dépense d'information proportionnée au chiffre du crédit à risquer, soit par exemple :

Jusqu'à 1.000 francs . . 2 Renseignements.

Et au-dessus . . . . 3 id.

LOIRET

ORLÉANS, rue Croix-de-Malte, 15.

Artenay, rue du Rabot, chez M. Marcel Naguet.

Beaugency, chez M. R. Deshayes-Rogier.

Beaune-la-Rolande, Etude Tréfoux.

Bellegarde, rue Demersay, 40.

Briare, quai aux Vins, 13.

Châteauneuf-sur-Loire, rue de la Gare, 47, à Orléans.

Château-Renard, place du Vieux-Marché, maison Durand.

Châtillon-Coligny, rue Dom-Morin, 20, chez M. Chevrier.

Châtillon-sur-Loire, Etude Lemasne.

Cléry-sur-Loire, chez le Greffier de Paix.

Courtenay, rue de Villeneuve, 27.

Ferrières, rue des Charrières, maison Patureau.

La Ferté-Saint-Aubin, Grande-Rue, 77.

GIEN, rue d'Orléans, 2.

Jargeau, faubourg Berry, maison Ménétereau.

Lorris, à la Banque André Caillard, à Montargis

Malesherbes, rue de la République, 20.

Meung-sur-Loire, chez le Greffier de Paix.

MONTARGIS, rue Triqueti, 2.

Neuville-aux-Bois, Etude Lemoine.

Outarville, Etude Perrin.

Ouzouer-sur-Loire, place du Martroi, à Saint-Benoit-sur-Loire.

Patay, Etude Foulon.

PITHIVIERS, place des Essarts, 12.

Puiseaux, rue du Thuard, chez M. Louis Zurlinden.

Sully-sur-Loire, chez M. C. Gaudry.

LOT

Se servir exclusivement de nos enveloppes libellées comme suit: « Monsieur l'Agent-Correspondant du Contentieux Européen » en complétant sans aucune omission par les adresses indiquées ci-dessous.

CAHORS, allées Fénelon, 2.

Bretenoux, chalet du Pont-de-Lauque.

Cajarc, avenue de Cahors, maison Murat.

La Capelle-Marival, chez le Greffier de Paix.

Castelnau-de-Montratier, chez M. Antonin Valmary.

Catus, rue La Place, chez M. Jean Franceschi.

Cazals, maison L. Cassot.

FIGEAC, place Champollion, chez M. Henri Cayrel.

GOURDON, place du Quatre-Septembre, maison Chanut.

Gramat, chez M. Vilhès.

Labastide-Murat, chez le Greffier de Paix.

Lalbenque, chez M. Camille Vidaillac.

Latronquière, chez le Greffier de Paix.

Lauzès, Etude Delfau.

Limogne, Etude Bories.

Livernon, maison Alexandre Baudet.

Luzech, chez M. Louis Lugan, à Lagrave, commune de Luzech.

Martel, maison Bourgès.

Montcuq, Etude Luc.

Payrac, Epicerie Chavanié.

Puy-l'Évêque, chez le Greffier de Paix.

Saint-Céré, rue de la République, maison Périé-Cordié

Saint-Germain-de-Bel-Air, maison Bourdarie.

Saint-Géry, Etude Delfau, à Lauzès (Lot).

Salviac, maison de l'Ancienne-Poste.

Souillac, place de l'Eglise.

Vayrac, avenue Henri-Barbier, maison Solignac.

LOT-ET-GARONNE

Se servir exclusivement de nos enveloppes libellées comme suit: «Monsieur l'Agent-Correspondant du Contentieux Européen» en complétant sans aucune omission par les adresses indiquées ci-dessous.

AGEN, rue de Belfort, 38.

Astaffort, rue de Bouc, chez M. Labarthe.

Beauville, rue Lafayette, 31, à Paris.

Bouglon, chez M. R. Baragnon.

Cancon, place de la Halle, chez M. Fave.

Casteljaloux, Grande-Rue, maison Gallissaires.

Castelmoron-sur-Lot (*localité seulement*), chez M. Belprat.
   (Pour toutes les autres Communes de ce Canton, s'adresser à Paris.)

Castillonnès, chez M. Léon Leygoute.

Damazan, place des Cafés, chez M. Raoul Aché.

Duras, rue Chavassier, maison Lestangt.

Francescas, place d'Armes, chez M. Pierre Fortin.

Fumel, place de la Mairie, maison Vignes.

Houeillès, rue de Veyries, maison Godard, à Castel-jaloux.

Laplume, rue Lafayette, 61, à Agen.

Laroque-Timbault, place de la Mairie, maison Garach.

Lauzun, Grande-Rue, 3.

Lavardac, rue Rectorerie, maison Laliman.

MARMANDE, avenue de Gontaud, maison Gayraud.

Le Mas-d'Agenais, chez le Greffier de Paix.

Meilhan, allées du Tertre.

Mézin, rue du Peyron, chez M. J. Brun.

Monclar-d'Agenais, chez M. Jean Philippot.

Monflanquin, rue Sainte-Marie, maison Sigalas.

NÉRAC, route de Mézin, 25.

Penne, chez M. Fillol, cabinet d'affaires.

Port-Sainte-Marie, maison Abel Massac, cours Alsace-Lorraine à Aiguillon (Lot-et-Garonne).

Prayssas, Etude Lacaze, à Lacépède par Laffitte (Lot-et-Garonne).

LOT-ET-GARONNE *(Suite)*

Puymirol, rue Royale, maison De Mallet.
Sainte-Livrade, place de la Bascule, maison Bouchon.
Seyches, rue Lafayette, 31, à Paris.
Tonneins, Etude Bach.
Tournon d'Agenais, chez le Greffier de Paix.
VILLENEUVE-SUR-LOT, cours Victor-Hugo, 8, près la Poste.
Villeréal, Etude Duffaut.

Il existe quelques petits Cantons où le fonctionnement du Service Direct est défectueux, c'est pourquoi nous ne les mentionnons pas au Répertoire. Pour ces quelques Cantons, les Abonnés devront adresser leurs bulletins à la Direction de Paris.

Pour contrôler un renseignement il suffit d'adresser un nouveau bulletin à la Direction, à Paris, en écrivant sur ce bulletin d'une façon apparente le mot : *Contrôle*.

La réponse est faite par un autre Correspondant.

LOZÈRE

MENDE, rue de la Banque, chez M. Léon Brun.

Aumont, Etude Caplat.

Barre-des-Cévennes, rue Lafayette, 31, à Paris.

Bleymard, Etude Félix Rouvière.

La Canourgue, place du Portalou, maison Bernon.

Chanac, chez M. Albert Cordesse.

Châteauneuf-de-Randon, chez M. Romain Bonnet, propriétaire.

FLORAC, Etude Rodier.

Fournels, chez M. Bousquet.

Grandrieu, chez le Greffier de Paix.

Langogne, chez le Greffier de Paix.

Malzieu-Ville, chez M. Emile Fize, à Saint-Chély-d'Apcher.

MARVEJOLS, Etude Roux.

Massegros, rue Lafayette, 31, à Paris.

Meyrueis, rue du Caire, Maison Louis Dupont.

Nasbinals, avenue de Courderc, maison Ambroise Valentin.

Pont-de-Montvert, quartier de la Grand'Rue, chez M. M.-E.

Saint-Alban-sur-Limagnole, chez M. Emile Fize, à Saint-Chély-d'Apcher.

Saint-Amans, Etude Valentin.

Saint-Chély-d'Apcher, chez le Greffier de Paix.

Sainte-Enimie, chez le Greffier de Paix.

Saint-Germain-de-Calberte, rue Basse, maison Meynadier.

Saint-Germain-du-Teil, chez le Greffier de Paix.

Villefort, Etude Constant.

MAINE-ET-LOIRE

Se servir exclusivement de nos enveloppes libellées comme suit: « Monsieur l'Agent-Correspondant du Contentieux Européen » en complétant sans aucune omission par les adresses indiquées ci-dessous.

ANGERS, rue Chevreul, 24.

BAUGÉ, rue Lofficial, 10.

Beaufort, chez le Greffier de Paix.

Beaupréau, rue Mongazon, à l'Etude.

Candé, rue Rouenneau, maison Colas.

Chalonnes-sur-Loire, rue de la Justice, chez M. Jacob.

Champtoceaux, rue Lafayette, 31, à Paris.

Châteauneuf-sur-Sarthe, chez M. G. Alain.

Chemillé, rue aux Moutons, chez M. Alexis Dugas.

CHOLET, place Travot, 5.

Doué, avenue de la Gare, chez M. Boisseau.

Durtal, place du Marché, maison Lefèvre.

Gennes, rue Nationale, maison Charpentier.

Le Lion-d'Angers, chez M. Victor Chable.

Longué, place de l'Eglise.

Le Louroux-Béconnais, chez le Greffier de Paix.

Montfaucon, chez M. Léon Martin, place de l'Eglise.

Montreuil-Bellay, rue Nationale, 27.

Montrevault, maison Jacquet.

Noyant, maison Férouelle.

Les Ponts-de-Cé, Etude Picault.

Saint-Mathurin, rue Lafayette, 31, à Paris.

Pouancé, chez le Greffier de Paix.

Saint-Florent-le-Vieil, rue du Cimetière, maison Chupin.

Saint-Georges-sur-Loire, chez M. Louis Bourdier.

SAUMUR, rue de la Petite-Douve, 9.

SEGRÉ, rue de la Gare, 1.

Seiches, place de l'Eglise, maison A. Roger.

Thouarcé, chez M. André Achard.

Tiercé, chez le Greffier de Paix.

Vihiers, chez M. Joseph Cesbron.

MANCHE

Se servir exclusivement de nos enveloppes libellées comme suit: «Monsieur l'Agent-Correspondant du Contentieux Européen» en complétant sans aucune omission par les adresses indiquées ci-dessous.

SAINT-LO, rue du Neufbourg, 42.

AVRANCHES, place Daniel-Huet, 32.

Barenton, route de Domfront, près la Gendarmerie.

Barneville-sur-Mer, Etude Olivier.

Beaumont-Hague, maison Léger, rue des Ecoles, aux Pieux (Manche).

Brécey, place de l'Eglise, maison Veuve Jautée.

Bréhal, Etude Estrade, à Cérences.

Bricquebec, place de la Poste, maison Le Gagneux.

Canisy, rue Lafayette, 31, à Paris.

Carentan, Etude Plantagenest.

Cerisy-la-Salle, rue des Juifs.

CHERBOURG, rue Guillaume Fouace, 31.

COUTANCES, avenue Maréchal-Pétain, 37.

Ducey, Etude Roussel.

Gavray (*localité seulement*), Grande-Rue, chez M. Albéric Levallois.
(Pour toutes les autres Communes de ce Canton, s'adresser à Paris.)

Granville, rue Ernest-Lefrant, 23.

La Haye-du-Puits, rue de l'Eglise, maison L. Blanchet.

La Haye-Pesnel, rue de la Gare, chez M. Raphaël Giffard.

Isigny-le-Buat, rue d'Avranches, maison Calé.

Juvigny-le-Tertre, route de Mortain, chez M. Félix Duval.

Lessay, rue Lafayette, 31, à Paris.

Marigny, rue du Couvent, maison Guérin.

Montebourg, rue Saint-Sauveur, chez M. Louis Depirou.

Montmartin-sur-Mer, chez le Greffier de Paix.

MORTAIN, rue du Bassin, chez M. Maurice Leprieur.

Octeville, rue Sadi-Carnot, 286.

Equeurdreville, rue Victor-Hugo, 52.

Tourlaville, au Secrétariat de la Mairie.

Percy, Etude Le François.

MANCHE (*Suite*)

Périers, rue du Perthuis-Trouard, 1, à Coutances.
Les Pieux, Grand Bourg, maison Jean.
Pontorson, route de Cangé, chez M. Goussé.
Quettehou, rue d'Isamberville (près la gare), chez M. Paul Liot, à Saint-Vaast-la-Hougue (Manche).
Saint-Clair-sur-l'Elle, chez le Greffier de Paix.
Saint-Hilaire-du-Harcouët, place de l'Hôtel-de-Ville, 28.
Saint-James, place des Douves, maison Dupont.
Saint-Jean-de-Daye, route de Cavigny, maison Baco, à Pont-Hébert.
Saint-Malo-de-Lalande, au Bourg, maison Cauchard.
Sainte-Mère-Eglise, chez M. Ch. Haize.
Saint-Pierre-Eglise, rue aux Juifs, maison Drieu.
Saint-Pois, chez M. Auguste Chasles.
Saint-Sauveur-Lendelin, Etude Idoux.
Saint-Sauveur-le-Vicomte, place du Fruitier, chez M. Henri Douchin.
Sartilly, chez M. Anatole Gascoin.
Sourdeval, rue de Mortain, maison Le Monnier.
Le Teilleul, rue Beauregard, maison Beudin.
Tessy-sur-Vire, rue Lafayette, 31, à Paris.
Torigni-sur-Vire, rue Matignon, chez M. Péronne.
VALOGNES, rue Thiers, 20.
Villedieu-les-Poëles, rue Thiers, 20.

Les Correspondants répondent pour toutes les communes de leur Canton ; ceux qui seront signalés comme n'apportant pas un soin suffisant dans la promptitude et dans la rédaction des réponses seront changés dans la prochaine édition du Répertoire.

MARNE

CHALONS-SUR-MARNE, avenue de Valmy, 1.

Anglure, rue de Châlons, 21.

Avize, rue des Carmes, 32.

Ay, rue Thiers, 4.

Beine, rue de l'Eglise Saint-Médard, chez M. G. Corbeaux, à Pontfaverger.

Bourgogne, Etude Bourillon, à Loivre (Marne).

Châtillon-sur-Marne, chez M. H. Mimin.

Dommartin-sur-Yèvre, chez M. Lucien-Georges Baty, à Givry-en-Argonne.

Dormans, place du Marché, chez M. Lemembre.

Ecury-sur-Coole, avenue de Valmy, 1, à Châlons-sur-Marne.

EPERNAY, rue des Berceaux, 7.

Esternay, chez M. Paul Person.

Fère-Champenoise, rue de Vitry, 6.

Fismes (*localité seulement*), Banque Chapuis.
(Pour toutes les autres Communes de ce Canton, s'adresser à Paris.)

Heiltz-le-Maurupt, Etude Hardy.

Marson, chez M. Léon Cuisine, à Pogny.

Montmirail, rue de Paris, 33.

Montmort, place de la Mairie, maison Collin.

Orbais-l'Abbaye, rue Gambetta, maison Marchand.

REIMS, rue du Cardinal-de-Lorraine, 7.

SAINTE-MENEHOULD, rue de la Côte-du-Château, 35.

Saint-Rémy-en-Bouzemont, Grande-Rue, 32.

Sézanne, chez M. Paul Jarrassé.

Sompuits, rue de Vitry, 8.

Suippes, Etude Tintier.

MARNE (*Suite*)

Thiéblemont - Faremont, maison " Eureka ", à Haussi-
gnémont.

Sermaize, route de la Source, maison Schumacher.

Vertus, rue d'Epernay, 35.

Verzy, rue Gambetta, 5.

Ville-en-Tardenois, Rue Lafayette, 31, à Paris.

Ville-sur-Tourbe, rue Camille-Margaine, 30, à Sainte-
Menehould.

VITRY-LE-FRANÇOIS, rue du Mouton, 18.

RECOUVREMENT DE CRÉANCES

Avant de nous confier un recouvrement, nous in-
diquons à nos Abonnés le moyen suivant dont ils
apprécieront l'économie, qu'il s'agisse d'un débiteur
sur Paris ou la Province :

Nous adresser à notre Siège, à Paris, **31, RUE
LAFAYETTE**, un bulletin de leur Carnet et y
poser la question: Peut-on recouvrer une créance
de Frs. : ... ?

Si la créance est irrécouvrable, nous l'expliquons en
toute loyauté, et nos clients classent l'affaire comme
perdue, sans autres débours que le bulletin employé.

Si au contraire il existe des chances d'être payé,
nous leur demandons les pièces du dossier pour faire
le nécessaire à nos conditions ordinaires de recouvrement.

Voir conditions de notre Service " CONTENTIEUX "
à la page 3 de la couverture.

MARNE (HAUTE-)

Se servir exclusivement de nos enveloppes libellées comme suit: «Monsieur l'Agent-Correspondant du Contentieux Européen» en complétant sans aucune omission par les adresses indiquées ci-dessous.

CHAUMONT, rue Saint-Jean, 5.

Andelot, place de l'Hôtel-de-Ville, 130.

Arc-en-Barrois, chez le Greffier de Paix.

Auberive, maison Stéphan Radel.

Bourbonne-les-Bains, rue du Génie, 2.

Bourmont, rue Saint-Nicolas, 9.

Châteauvillain, rue de Penthièvre, maison Bertrand.

Chevillon, maison Charles Quinet.

Clefmont, rue du Château, 11

Doulaincourt, chez M. Ernest Souchenot.

Doulevant-le-Château, à la Forge, nº 178.

Fays-Billot, route Nationale, maison Roger, chaussures.

Joinville, rue du Grand-Pont, 1.

Juzennecourt, chez le Greffier de Paix.

Laferté-sur-Amance, Grande-Rue, chez M. Emile Ageron.

LANGRES, rue Walferdin, 2.

Longeau, chez M. Louis Hémery.

Chalindrey, chez M. Henri Régnier.

Montier-en-Der, chez M. André Mouche.

Montigny-le-Roi, chez M. Noël Constant.

Neuilly-l'Évêque, place de l'Hôtel-de-Ville, maison Galissot.

Nogent-en-Bassigny, rue Segretier, 16.

Poissons, rue de la Gendarmerie, maison Martin.

Prauthoy, chez le Greffier de Paix.

Saint-Blin, Grande-Rue, maison Cottenot.

Saint-Dizier, rue de Vandeul, 5.

Varennes-sur-Amance, place Bizot, chez M. Henri Fortin.

Vignory, chez M. A. Douvé.

WASSY, rue Nationale, 28.

MAYENNE

Se servir exclusivement de nos enveloppes libellées comme suit: « Monsieur l'Agent-Correspondant du Contentieux Européen » en complétant sans aucune omission par les adresses indiquées ci-dessous.

LAVAL, rue Echelle-Marteau, 14.

Ambrières, route de Domfront, maison Lusson.

Argentré, chez M. Armand Desgranges.

Bais, Grande-Rue, chez M. Germain Gaston.

Bierné, chez le Greffier de Paix.

Chailland, chez le Greffier de Paix.

CHATEAU-GONTIER, rue Volney, 12.

Cossé-le-Vivien, Grande Rue, chez M. Carré.

Couptrain, Etude Mars.

Craon, route de Châtelain, chez M. Georges Lefèvre.

Ernée, rue Moiteau, 23.

Evron, rue de la Perrière, 39.

Gorron, maison Ferdinand Souvigne.

Grez-en-Bouère, Etude Charles Rousseau.

Le Horps, maison Godin.

Landivy, à la Mairie de Fougerolles-du-Plessis (Mayenne).

Lassay, rue du Haut-Perrin, maison Lamberdière.

Loiron, maison Octave Dugast.

MAYENNE, rue de la Madeleine, 26.

Meslay (*localité seulement*), place du Marché, près la pompe.
   (Pour toutes les autres Communes de ce Canton, s'adresser à Paris.)

Montsurs, rue de la Gare, chez M. Alphonse Perrier.

Pré-en-Pail, maison Tulard.

Saint-Aignan-sur-Roé, route de Saint-Michel, chez M. Raymond Poirrier.

Sainte-Suzanne, chez M. René Filoche fils.

Villaines-la-Juhel, rue du Bignon, maison Gouin.

Les Abonnés ne doivent envoyer à nos Correspondants que des bulletins *munis de leur talon de droite.*

MEURTHE-ET-MOSELLE

Se servir exclusivement de nos enveloppes libellées comme suit : « Monsieur l'Agent-Correspondant du Contentieux Européen » en complétant sans aucune omission par les adresses indiquées ci-dessous.

NANCY, rue du Placieux, 60.
(Pour Frouard, Neuves-Maisons, Pont-Saint-Vincent, s'adresser à Paris).

Arracourt, rue Carnot, 8 *bis*, à Lunéville.

Audun-le-Roman, chez M. Paul Dubroux.

Baccarat, rue des Ponts.

Badonviller, rue du Maréchal-Foch, 24.

Bayon *(localité seulement)*, chez M. Henri Vouaux.
(Pour toutes les autres Communes de ce Canton. s'adresser à Paris.)

Blamont, place Carnot, 82.

BRIEY, rue de la Tiriée, 8.

Homécourt, rue de Franchepré, 146, à Jœuf.

Jœuf, rue de Franchepré, 146.

Chambley-Bussières, chez le Greffier de Paix.

Cirey-sur-Vezouze, chez M. Georges Naudin.

Colombey, chez le Greffier de Paix.

Conflans, rue Jeanne-d'Arc, 3, maison Collignon, à Jarny.

Domèvre-en-Haye, chez le Greffier de Paix.

Gerbeviller, rue de la Gare, 11.

Haroué, rue de Beauvau, chez M. Gérard.

Longuyon, rue de l'Hôtel-de-Ville, 26.

Longwy-Bas, rue Saint-Louis, maison Kauffmann.

Villerupt, rue Thiers, 12.

LUNÉVILLE, rue Carnot, 8 *bis*.

Nomény, rue Lafayette, 31, à Paris.

Pont-à-Mousson, rue de la Poterne, 6.

Saint-Nicolas-du-Port, chez le Greffier de Paix.

Thiaucourt, rue Clinchant.

TOUL, rue de la République, 6.

Vézelise, chez le Greffier de Paix.

MEUSE

Se servir exclusivement de nos enveloppes libellées comme suit: «Monsieur l'Agent-Correspondant du Contentieux Européen» en complétant sans aucune omission par les adresses indiquées ci-dessous.

BAR-LE-DUC, boulevard de la Rochelle, 120.

Ancerville, rue du Château, près de la Perception.

Charny, rue Lafayette, 31, à Paris.

Clermont-en-Argonne, Etude Salin.

COMMERCY, rue Porte-au-Rupt, 4.

Damvillers, chez le Greffier de Paix.

Dun-sur-Meuse, chez le Greffier de Paix.

Étain, à la Banque Paul.

Fresnes, rue Lafayette, 31, à Paris.

Gondrecourt, rue du Saucy, 4.

Ligny-en-Barrois, rue de la Bannière, 2.

Montfaucon, rue Lafayette, 31, à Paris.

Montiers-sur-Saulx, place de l'Hôtel-de-Ville, maison Chevalier.

MONTMÉDY, rue de Chiny, 19.

Pierrefitte, rue Lafayette, 31, à Paris.

Revigny-sur-l'Ornain, rue du Pasquis, 9.

Saint-Mihiel, rue du Général-Pershing, 11.

Souilly, place de l'Hôtel-de-Ville, chez M. Lallement.

Spincourt, chez le Greffier de Paix, à Bouligny.

Stenay, chez le Greffier de Paix.

Triaucourt, chez M. L. Robinet.

Varennes-en-Argonne, Etude Salin, à Clermont-en-Argonne.

Vaubecourt, rue de Bourgogne, 36.

Vaucouleurs, rue Jeanne-d'Arc, 2.

Vavincourt, chez M. André Varin.

VERDUN, rue Chevert, 15.

Vigneulles, chez le Greffier de Paix.

Void, rue Notre-Dame, 7.

MORBIHAN

Se servir exclusivement de nos enveloppes libellées comme suit: « Monsieur l'Agent-Correspondant du Contentieux Européen » en complétant sans aucune omission par les adresses indiquées ci-dessous.

VANNES, place Gambetta. 2.

Allaire, Etude Huet.

Auray, rue Barré, 22.

Baud, rue de Pontivy, maison Le Cam.

Belle-Ile, chez M. Pierre Saludo, au Palais (Morbihan).

Belz, chez le Greffier de Paix.

Cléguerec, rue Lafayette, 31, à Paris.

Elven, place Gambetta, 2, à Vannes.

Le Faouët, chez M. Armand Dorey.

La Gacilly, rue Saint-Vincent, chez M. Louis Jouannic.

Gourin, chez le Greffier de Paix.

Grand-Champ, place Gambetta, 2, à Vannes.

Guéméné, rue de la Carrière, près la Poste.

Guer, rue Saint-Gurval, maison Le Fouillé.

Hennebont, rue Nationale, 7.

Josselin, rue Olivier de Clisson, à la Banque.

Locminé, rue du Fil, maison Joachim Mauguen.

LORIENT, rue de la Comédie, 46.

Malestroit, rue Saint-Michel, chez M. Guerchet.

Mauron, chez M. Pierre Haguet.

Muzillac, Etude Pioger.

PLOERMEL, rue des Forges, maison Chérel.

Plouay, rue de Bécherel, chez M. Pierre Le Floch.

Pluvigner, chez M. Guillouzo.

PONTIVY, rue Saint-Jory, 8.

MORBIHAN (*Suite*)

Pont-Scorff, chez le Greffier de Paix.
Port-Louis, rue de la Citadelle, 6.
Groix, chez Mme Veuve Firmin Kersaho.
Questembert, rue Neuve, chez M. L. Herrou.
Quiberon, Etude Le Goff, à Carnac.
La Roche-Bernard, rue Saint-James, chez M. Paul Robert.
Rochefort-en-Terre, place du Puits, maison Chenevière.
Rohan, Etude Le Bideau.
Saint-Jean-Brévelay, rue Lafayette, 31, à Paris.
Sarzeau, chez M. Roger-Jouen.
La Trinité-Porhoët, Etude Gillet.

Pour tous Recouvrements de Créances, Productions à Faillites, Procès, Consultations juridiques, Rédaction d'Actes sous seing privé,

EMPLOYEZ

NOTRE SERVICE "CONTENTIEUX"

dont vous lirez les conditions à la page 3 de la couverture.

MOSELLE

Se servir exclusivement de nos enveloppes libellées comme suit: «Monsieur l'Agent-Correspondant du Contentieux-Européen» en complétant sans aucune omission par les adresses indiquées ci-dessous.

METZ-VILLE, rue Saint-Marcel, 15, à Metz.

Hagondange, Grande-Rue, 39 et 41, à Talange, par Hagondange.

Talange, Grande-Rue, 39 et 41, à Talange, par Hagondange.
Pour les autres communes du canton de Metz-Campagne, s'adresser à Paris.

Bitche, rue Maréchal-Foch, 7.

BOULAY, place Rascas, 7.

Bouzonville, place de l'Hôtel-de-Ville, 210.

Cattenom, cour du Château, 5, à Thionville.

CHATEAU-SALINS, chez M. Eugène Paulin.

Delme, rue Poincaré, 98.

Dieuze, rue du Moulin 62.

Faulquemont, rue de Metz, 38.

Fenétrange, Faubourg N° 216.

Fontoy, rue Lafayette, 31, à Paris.

FORBACH, rue Nationale, 133.

Grostenquin, Etude Sadler.

Morhange, rue Général-Passaga, 27.

Hayange, rue de la Marne, 4.

Moyeuvre-Grande, rue Lafayette, 31, à Paris.

Phalsbourg, rue Lobau, 151.

Saint-Avold (*localité seulement*), place de la Victoire, 20.

L'Hopital, rue de Vassau, 18.
(Pour toutes les autres Communes de ce Canton, s'adresser à Paris.)

Sarralbe, rue de Saverne, 10, chez M. Joseph Wilhelm.

SARREBOURG, Grande-Rue, 58.

SARREGUEMINES, rue de la Chapelle, 3.

Sierck, place Neuve, 9.

THIONVILLE, rue de Paris, 3.

S'adresser à Paris, rue Lafayette, 31, pour les Cantons non mentionnés au Répertoire.

NIÈVRE

NEVERS, rue de l'Evéché, 1.

Brinon-sur-Beuvron, route de Tannay, maison Archambault.

La Charité-sur-Loire, rue Sainte-Anne, 23.

CHATEAU-CHINON, place de la Mairie, 3.

Châtillon-en-Bazois, rue de la Madeleine, maison Gaulier.

CLAMECY, place des Barrières, à la Banque.

Corbigny, rue des Forges, maison Vrinat.

COSNE, rue Pasteur, 45.

Decize, rue Denfert-Rochereau, maison Brunet.

La Machine, au Secrétariat de la Mairie.

Donzy, Etude Michot.

Dornes, Etude Bouillot.

Fours, au Palais-Royal.

Lormes, Etude Morin.

Luzy, avenue de la Gare, maison Ferla.

Montsauche, place de l'Hôtel-de-Ville.

Moulins-Engilbert, maison A. Souchon.

Pougues-les-Eaux, route Nationale, 46.

Fourchambault, à l'Hôtel-de-Ville.

Guérigny, Etude Loiseau.

Pouilly-sur-Loire, rue Joyeuse, chez M. François Perrin.

Prémery, rue de Nièvre, près la Poste.

Saint-Amand, Grande-Rue, maison Delafond.

Saint-Benin-d'Azy, chez le Greffier de Paix.

Saint-Pierre-le-Moutier, boulevard de la gare, maison Veillat.

Saint-Saulge, faubourg de Crux, maison Pierre Godier.

Tannay, chez M. Gustave Vincent.

Varzy, rue Delangle, 28.

NORD

LILLE, rue Camille-Desmoulins, 6.

Arleux-du-Nord, chez M. Paul Decaudain.

Armentières, Etude P. Desprez.

AVESNES, Etude G. Tondeur.

Bailleul (*localité seulement*), Grand' Place, Café Français.
(Pour toutes les autres Communes de ce Canton, s'adresser à Paris.)

La Bassée (*localité seulement*), route de Marquillies, chez M. Vermel.
(Pour toutes les autres Communes de ce Canton, s'adresser à Paris.)

Bavay, rue des Glatignies, maison Blareau.

Bergues, rue des Pompes à Incendie, 17.

Berlaimont, rue de l'Eglise, chez M. Maitte.

Bouchain, Etude Paul Varlez.

Bourbourg, rue de l'Hôtel-de-Ville, 8.

Watten, rue de Millam, château de la Tannerie.

CAMBRAI, rue du Petit-Séminaire, 20.

Carnières, rue du Pont-de-Solesmes, 29, à Cambrai.

Cassel, à la Banque Isoré.

Le Cateau, rue de Landrecies, 13.

Clary, place du Fayt.

Caudry, rue de Valenciennes, 13.

Condé-sur-l'Escaut, route du Vieux-Condé, 1.

Crespin, rue Lafayette, 31, à Paris.

Fresnes-sur-l'Escaut, rue Carnot, 76.

Cysoing, rue Gambetta, 13.

Denain, rue d'Enghien, 30.

DOUAI, passage de l'Hôtel-de-Ville, 6.

Aniche, rue Patoux prolongée, 6.

DUNKERQUE, rue de Soubise, 6.

Gravelines, rue Carnot prolongée, 12.

Haubourdin, chez M. Pierre Oudin.

Lomme, rue Jean-Jaurès, 171.

Loos-lez-Lille, rue d'Isly, 47, à Lille.

HAZEBROUCK, Petite rue de l'église, 37.

Hondschoote, rue de l'Ouest, 76.

NORD *(Suite)*

Landrecies, Ville-Basse, chez M. Fernand Meurisse.
Lannoy, rue Nationale, 20.
Marchiennes, rue Corbineau, maison Béhin.
Somain, rue Jules-Ferry, 46.
Marcoing, chez le Greffier de Paix.
Maubeuge, rue de la Mairie, 22.
Hautmont, rue de la Gare, 59 *ter*.
Jeumont, rue Magenta, maison Antoine Riche.
Louvroil, rue de la Gare, 59 *ter*, à Hautmont.
Merville, Etude Omer Gay.
Estaires, chez M. V. Dufour, rue Neuve.
Orchies, chez M. Gustave Lhomme, Grande-Rue, à Pont-
   à-Marcq.
Pont-à-Marcq, route de Douai, 17.
Le Quesnoy, rue Jean-Jaurès maison Deudon.
Quesnoy-sur-Deule, rue de l'Eglise, chez M. Joseph
   Lécaille.
Roubaix, rue du Grand-Chemin, 29.
Saint-Amand-les-Eaux, rue de l'Eglise, 34.
Seclin, chez M. Charles Delcambre.
Solesmes, rue de la Gaîté, 9.
Solre-le-Château, rue des Sœurs, café Albert.
Beugnies, rue Lafayette, 31, à Paris.
Cousolre, rue des Juifs, 15.
Steenvoorde, Grand' Place, 45.
Tourcoing, rue Condorcet, 28.
Halluin, rue de Lille, 119.
Marcq-en-Barœul, rue Jean-Jaurès, 72.
Trélon, rue des Rouets, 62, à Fourmies.
VALENCIENNES, rue Askièvre, 12.
Anzin, Grande-Rue, 91, chez M. Charles Vuillaume.
Wormhoudt, rue de la Citadelle, 47.

Les localités imprimées en italique sont les Communes du Canton qui les précède. En raison de leur importance, nous y avons créé un Correspondant.

OISE

BEAUVAIS, rue de l'Abreuvoir, 10, à Marissel par Beauvais.

Attichy, Villa "Mon Désir".

Cuise-la-Motte, chez M. A. Lecat, comptable.

Pierrefonds, chez M. A. Lecat, comptable, à Cuise-la-Motte.

Auneuil, Etude Rousseaux.

Betz, rue Beauxis-Lagrave, maison Delaitre.

Breteuil, rue d'Amiens, 51 bis.

Chaumont-en-Vexin, Etude Déchamps.

CLERMONT-DE-L'OISE, place de l'Hôtel-de-Ville, 2.

COMPIÈGNE, rue de la Surveillance, 2.

Coudray-Saint-Germer, maison Liégrois, Recouvrements.

Creil, rue Gambetta, 25.

Chantilly, rue du Connétable, 110.

Coye, rue du Connétable, 110, à Chantilly.

Gouvieux, rue du Connétable, 110, à Chantilly.

Lamorlaye, rue du Connétable, 110, à Chantilly.

Montataire, rue des Ecoles, 110, chez M. Jules Daussin.

Crépy, avenue de la Gare, 3.

Crèvecœur-le-Grand, maison Berlamont.

Estrées-Saint-Denis, Cabinet Douvry.

Formerie, rue Dornat, chez M. Richebourg.

Froissy, chez le Greffier de Paix.

Grandvilliers, rue d'Aumale, 4.

Feuquières, rue Lafayette, 31, à Paris.

Guiscard, rue de l'Eglise, maison Brunel.

Lassigny, rue de la Misacart, chez M. Bigard.

Liancourt, rue Jules-Michelet, 29.

OISE *(Suite)*

Maignelay, Grande-Rue, chez M. Edm. Vasseur.
Marseille-en-Beauvaisis, chez M. F.-C. Blanc.
Méru, rue Charles-Boudeville, 23.
Mouy, rue des Caves, 32.
Nanteuil-le-Haudouin, chez le Greffier de Paix.
Neuilly-en-Thelle, rue du Moutier, 17.
Nivillers, Grande-Rue, 33.
Noailles, rue Principale, maison Auguste Desmarest.
Noyon, rue de Belfort, 9.
Pont-Sainte-Maxence, rue Péronnet, 21.
Verberie, rue du Marché, 21.
Ressons-sur-Matz, Etude Rohat.
Ribécourt, chez le Greffier de Paix.
Saint-Just-en-Chaussée, Etude Hémery.
SENLIS, rue Sainte-Geneviève, 18.
Songeons, maison Léon Coquerel.

Pour tous Recouvrements de Créances, Productions à Faillites, Procès, Consultations juridiques, Rédaction d'Actes sous seing privé,

EMPLOYEZ

NOTRE SERVICE "CONTENTIEUX"

dont vous lirez les conditions à la page 3 de la couverture.

ORNE

ALENÇON, rue du Puits-Verrier, 14.
ARGENTAN, rue de la République, 65.
Athis, rue de la Corneille, chez M. Amiard.
Bazoches-sur-Hoëne, Grande-Rue, maison Hermenier.
Bellême, rue Ville-Close, 23.
Briouze, chez M. Charles Clérambault, à Rabodanges (Orne).
Carrouges, chez le Greffier de Paix.
Courtomer, chez M. Jules Schuller.
DOMFRONT, place Saint-Julien, chez M. Alphonse Robbe.
Écouché, Grande-Rue, maison Martin.
Exmes, Etude Simon.
La Ferté-Fresnel, chez M. G. Templer.
La Ferté-Macé, rue d'Hautvie, 34.
Flers, rue de la Boule, 59.
Gacé, rue Saint-Jacques, 10.
Juvigny-sous-Andaine, chez M. Louis Barbet.
Laigle, rue Carnot, 2.
Longny, rue de la Barre, maison Meunier.
Le Mêle-sur-Sarthe, chez M. Paul Bezier.
Le Merlerault, rue de Sées, chez M. Neveu.
Messei, Etude Huet.
MORTAGNE-SUR-HUISNE, rue Saint-Langis, 14.
Mortrée, Grande-Rue, maison Dufriche.
Moulins-la-Marche, Banque Guizier-Maillard.
Nocé, rue Lafayette, 31, à Paris.
Passais-la-Conception, Etude Fourneau.
Pervenchères, chez le Greffier de Paix.
Putanges, chez M. René Darpentigny.
Remalard, rue de Paris, maison Durand.
Sées, place du Parquet, 18.
Le Theil-sur-Huisne, Etude Mary.
Tinchebray, boulevard du Nord, mairon Guérin.
Tourouvre, chez M. Robert Lessard.
Trun, rue de l'Eglise, maison Roussel.
Vimoutiers, place Cour-aux-Moines, maison Rivière.

PAS-DE-CALAIS

Se servir exclusivement de nos enveloppes libellées comme suit: «Monsieur l'Agent-Correspondant du Contentieux Européen» en complétant sans aucune omission par les adresses indiquées ci-dessous.

ARRAS, boulevard Carnot, 48.

Aire-sur-la-Lys, rue des Tanneurs, 14.

Ardres, chez le Greffier de Paix.

Aubigny-en-Artois, chez le Greffier de Paix.

Audruicq, chez le Greffier de Paix.

Auxi-le-Château, rue d'Amiens, 20.

Frévent, rue d'Hesdin, maison Bouchez.

Avesnes-le-Comte, chez le Creffier de Paix.

Bapaume, à la Banque Tiquet-Rémont.

Beaumetz-les-Loges, rue des Loges, maison Garin.

Bertincourt, Grande-Rue, maison Jougleux.

BÉTHUNE, Etude Dequénes.

BOULOGNE-SUR-MER, rue Ernest-Hamy, 31.

Calais, route de Boulogne, 89.

Cambrin, route Nationale, chez M. François Hulot.

Campagne-les-Hesdin, maison Pasbecq.

Carvin, rue de Libercourt, 55.

Hénin-Liétard, rue Napoléon-Demarquette, 24.

Croisilles, chez M. Louis Wédeux.

Desvres, Place du marché, 42.

Étaples, rue de Montreuil, 31.

Fauquembergues, rue de Saint-Omer, maison Paternelle.

Fruges, rue Dufour, chez M. Drieux.

Guines, Etude Clabaut.

Hesdin, rue des Nobles, maison Houlliez.

Heuchin, route d'Aire, chez M. Jules Emblanc.

Houdain, Etude V. Warot.

Bruay, rue de la République, 121.

Nœux-les-Mines, rue de Bully, 25.

Hucqueliers, Grande-Place, maison Delannoy.

PAS-DE-CALAIS *(Suite)*

Laventie, rue de la Gare, maison Moreaux.

Lens *(localité seulement)*, route de Lille, chez M. Fernand Requin.

Billy-Montigny, rue Emile-Zola, 58.

Bully, rue de la Mine, chez M. Florimond Debeyre fils.

Harnes, rue de Lens, chez M. François Dupont, Receveur de l'Octroi.

Liévin, chez M. A. Caron, à la Mairie.

Mazingarbe, rue Berthelot, chez M. Bourbon.
    (Pour toutes les autres Communes de ce Canton s'adresser à Paris).

Lillers, rue des Promenades, 2.

Saint-Venant, chez M. Charles Denœud.

Lumbres, rue Henri-Russelle.

Marquion, route Nationale, chez M. Camille Caplain.

Marquise, rue Nationale, 32.

MONTREUIL-SUR-MER, Grande-Rue, 113.

Berck-sur-Mer, rue de l'Impératrice, villa Olympia, à Berck-Plage.

Cucq, rue de l'Impératrice, villa Olympia, à Berck-Plage.

Le Touquet-Paris-Plage, rue de l'Impératrice, villa Olympia, à Berck-Plage.

Norrent-Fontes, chez M. Louis Vanderbecq, à Saint-Hilaire-Cottes, par Norrent-Fontes.

Isbergues, au Secrétariat de la Mairie à Mohugem.

Mohugem, au Secrétariat de la Mairie.

Le Parcq, rue des Maçons.

Pas-en-Artois, maison Angèle Bailly.

SAINT-OMER, rue de Dunkerque, 85.

SAINT-POL-SUR-TERNOISE, rue de Wathiermetz, 44.

Samer, rue du Breuil, 36.

Outreau, rue du Mont-Neuf, 56, chez M. Virgot.

Vimy, rue Faidherbe, chez M. Eugène Lanciy.

Avion, place Ferrer, chez M. Xavier Barbier.

Vitry, chez le Greffier de Paix.

Les localités imprimées en italique sont les Communes du Canton qui les précède. En raison de leur importance, nous y avons créé un Correspondant.

PUY-DE-DOME

**Se servir exclusivement de nos enveloppes libellées comme suit:
« Monsieur l'Agent-Correspondant du Contentieux Européen »
en complétant sans aucune omission par les adresses indiquées
ci-dessous.**

CLERMONT-FERRAND, rue Neuve, 12.

Aigueperse, Grande-Rue, maison Lem.

AMBERT, place de l'Hôtel-de-Ville, chez M. Gabriel
Lavigne.

Ardes, maison Guillaumont.

Arlanc, route Nationale.

Besse-en-Chandesse, chez M. Léon Gaime.

Billom, chez M. Grollier, au Greffe.

Bourg-Lastic, rue du Biard, maison Veuve Bouyon.

Champeix, rue du Pré, 9.

Châteldon, rue de l'Église, 1.

Combronde, chez M. J. Livebardon.

Courpière, Etude Grangier.

Cunlhat, maison Denis.

Ennezat, en face l'Eglise, maison Bardin.

Herment, chez M. Brugière, Contentieux & Recouvrements.

ISSOIRE, boulevard de la Manlière, chez M. Reveret.

Jumeaux, poste restante, à Brassac-les-Mines.

Latour-d'Auvergne, quartier du Pérou, maison Verny.

Lezoux, Etude Célier.

Manzat, maison Brard.

Maringues, place Michel-de-l'Hôpital, 10.

Menat, chez M. Baraduc-Grellet.

Montaigut-en-Combraille, place de la Mairie, maison
Brégiroux.

Olliergues, route d'Ambert, maison Raynaud.

Pionsat, Etude Paul Message.

Pontaumur, maison Desmonteix.

Pont-du-Château, Etude J. Delorme.

PUY-DE-DOME *(Suite)*

Pontgibaud, Etude Joseph Paquet.
Randan, Etude Combacon.
RIOM, rue Croisier, 4.
Rochefort-Montagne, rue Lafayette, 31, à Paris.
La Bourboule, Agence Jules Petit.
Mont-Dore, rue du Casino, chez M. Jacques Lacoste.
Saint-Amand-Roche-Savine, place de l'Eglise (J.-J.-B.).
Saint-Amand-Tallende, rue de Versailles, chez M. Pénissat.
Saint-Anthême, Etude Faure.
Saint-Dier-d'Auvergne, chez M. Jean-Marie Gardet.
Saint-Germain-Lembron, maison Robert Martin.
Saint-Germain-l'Herm, place de l'Eglise, maison Vernet-
Ollier.
Saint-Gervais-d'Auvergne, rue de la Gare, maison Aristide
Moignoux.
Saint-Rémy (*localité seulement*), chez M. Baptiste Béchon.
(Pour toutes les autres Communes de ce Canton, s'adresser à Paris.)
Sauxillanges, chez M. Victor Mellot.
Tauves, rue Jean-Jaurès, maison E. Brun.
THIERS, rue Gabriel-Marc, 8.
Vertaizon, maison Rodilhat.
Veyre-Monton, Etude Pigheon.
Vic-le-Comte, Etude Delarbre.
Viverols, maison B. Chambat-Ollier.

Il est indispensable de mentionner sur l'enveloppe de demande de renseignements la rue et le numéro du Correspondant ou l'indication qui y supplée.

Toute correspondance autre que les bulletins à remplir sur les cantons indiqués au présent Répertoire doit être adressée à Paris.

PYRÉNÉES (BASSES-)

Se servir exclusivement de nos enveloppes libellées comme suit: « Monsieur l'Agent-Correspondant du Contentieux Européen » en complétant sans aucune omission par les adresses indiquées ci-dessous.

PAU, rue Despourrins, 12.

Accous, rue Notre-Dame, à Bedous.

Aramits, place Le Guirail, maison Bigué.

Arthez, Etude Lamatabois.

Arudy, avenue Saint-Michel, chez M. J. Loustau-Lapasseig.

Arzacq, maison Marcel Lacoste.

La Bastide-Clairence, maison de l'Ecole.

BAYONNE, rue Notre-Dame, 4.

Biarritz, impasse des Tilleuls, "Villa l'Uranie".

Bidache, rue Principale, maison Edouard Etchegaray.

Espelette, chez le Greffier de Paix.

Garlin, rue Victor-Lefranc, maison Sibor.

Hasparren, *(localité seulement)*, rue Montante, maison Chachoënia.

(Pour toutes les autres Communes de ce Canton, s'adresser à Paris.)

Iholdy, rue Lafayette, 31, à Paris.

Lagor, Etude Lacoste.

Laruns, rue Pon, maison Sanchette Simon.

Lasseube, maison Minvielle-Colette.

Lembeye, rue de Pau, maison Marque.

Lescar, Etude Hourticq.

MAULÉON, maison Cazaurang.

Monein, rue du Commerce, maison Paillous.

Montaner, rue Lafayette, 31, à Paris.

Morlaas, Etude Haurigot.

Navarrenx, rue de l'Ancien-Abreuvoir, maison Candalot-Faurie.

Nay, chez M. Ed. Cassou, Greffier.

OLORON-SAINTE-MARIE, route de Pau, 3.

ORTHEZ, rue Saint-Gilles, 66.

PYRÉNÉES (BASSES-) *(Suite)*

Pontacq, Etude Conte.
Saint-Jean-de-Luz, boulevard des Pyrénées, maison Dospital.
Hendaye, rue de Santiago, chez Madame Mathio.
Saint-Jean-Pied-de-Port, chez le Greffier de Paix.
Saint-Palais, Etude Osquiguil.
Salies-de-Béarn, rue du Commerce, 28.
Sauveterre, rue Paunécau, chez M. Ernest Laulhé.
Tardets, rue Lafayette, 31, à Paris.
Thèze, chez M. Léon Duclos.
Ustaritz, chez le Greffier de Paix.

Les Négociants doivent toujours se défier des Clients qui leur font une commande *directement* sans l'entremise d'un Représentant ou Voyageur.

Toute demande *télégraphique* doit être adressée à *Paris*, nos Agents n'étant pas tenus à renseigner directement par cette voie.

Cependant certains Abonnés joignent quatre francs à leurs bulletins pour obtenir une réponse succincte par dépêche ; la plupart du temps les Correspondants leur donnent satisfaction, mais nous déclinons toute responsabilité à ce sujet. (Voir page 6, nos instructions spéciales concernant les renseignements télégraphiques.)

PYRÉNÉES (HAUTES-)

Se servir exclusivement de nos enveloppes libellées comme suit : « Monsieur l'Agent-Correspondant du Contentieux Européen » en complétant sans aucune omission par les adresses indiquées ci-dessous.

TARBES, Chalet Jeanny, à Séméac, près Tarbes.

ARGELÈS-GAZOST, Etude Abadie.

Cauterets, chez M. Ben Noël, à la Mairie.

Arreau, Maison J-L. Bazerque à Sarrancolin (Hautes-Pyrénées).

BAGNÈRES-DE-BIGORRE, rue d'Alsace-Lorraine, 8.

La Barthe-de-Neste, rue des Haurés, anc^ne maison Annette.

Bordères-Louron, maison Bernard Bourdette, à Bareilles, par Arreau.

Campan, maison Pierre Cuilhe.

Castelnau-Magnoac, chez le Greffier de Paix.

Castelnau-Rivière-Basse, maison Fourtet.

Galan, quartier La Ville, maison Latour.

Lannemezan, rue Alsace-Lorraine, 19.

Lourdes, place Maréchal-Foch, 2.

Luz-Saint-Sauveur, ancienne maison Loyau, chez l'Agent d'Assurances.

Maubourguet, avenue de la Gare, maison Baylot.

Mauléon-Barousse, chez M. Siméon Lo, propriétaire, à Sainte-Marie, par Siradan.

Ossun, maison Estevenet.

Pouyastruc, chez le Greffier de Paix.

Rabastens-de-Bigorre, rue du Château, maison Branet.

Saint-Laurent-de-Neste, Etude Misson, à Nestier, par Saint-Laurent-de-Neste.

Saint-Pé-de-Bigorre, place Maréchal-Foch, 2, à Lourdes.

Tournay, rue Darrieux, 19, chez M. Noguès.

Trie-sur-Baïse, au Château des Carmes.

Vic-en-Bigorre, place de la République, maison Mieussens.

Vielle-Aure, à la Maison d'Ecole.

PYRÉNÉES-ORIENTALES

Se servir exclusivement de nos enveloppes libellées comme suit: « Monsieur l'Agent-Correspondant du Contentieux Européen » en complétant sans aucune omission par les adresses indiquées ci-dessous.

PERPIGNAN, Cité Bartissol, 2 *bis*.

Argelès-sur-Mer, Etude Sentenac.

Cerbère, au Secrétariat de la Mairie.

Port-Vendres, chez M. Jacques Vernis.

Arles-sur-Tech, chez M. J. Coste, Greffier.

Amélie-les-Bains, rue des Thermes, villa du Grand-Saint-Joseph.

CÉRET, boulevard Lafayette.

La Tour-de-France, rue de la Place Avéros, 5, à Estagel.

Millas, chez M. Masse, au Greffe.

Mont-Louis, rue des Ecoles-Laïques, chez Madame Poudade, maison Vignes.

Olette, à la Mairie, chez M. Llabour.

PRADES, allées Arago, 28.

Prats de Mollo, boulevard Lafayette, à Céret.

Rivesaltes, rue Ludovic-Ville, 8.

Saillagouse, rue du Milieu, maison Couzinet.

Saint-Paul-de-Fenouillet, place de la République, maison Deguilhem.

Sournia, chez M. C. Raynaud.

Thuir, chez M. Henri Nabonne.

Vinça, rue de l'Eglise, 2.

Employez notre Service

" CONTENTIEUX "

conditions page 3 de la couverture.

RHIN (BAS-)

STRASBOURG, rue Ernest Laüth, 4¹.

Barr, rue du Général-Vandenberg, 13.

Benfeld, Grande-Rue, 35.

Bischwiller, rue de la Pomme d'Or, 42.

Bouxwiller, rue de Neuwiller, 5.

Pfaffenhofen, chez M. Armand Haarscher.

Brumath, rue du Général-Duport, 7.

Drulingen, chez M. Metzger, greffier.

ERSTEIN, rue Vieux-Marché, 2.

Geispolsheim, route de Lyon, 176, à Illkirch Graflenstaden.

HAGUENAU, Marché aux Grains, 11.

Hochfelden, rue du Moulin, 223.

Lauterbourg, Place du marché, 74.

Marmoutier, rue de la Gare, 235.

MOLSHEIM, rue de l'Eglise, 2.

Niederbronn (*localité seulement*), au Secrétariat de la Mairie.

Ueberach, chez M. Armand Haarscher, à Pfaffenhofen.

La Walck, chez M. Armand Haarscher, à Pfaffenhofen.
(Pour toutes les autres communes de ce canton, s'adresser à Paris.)

Obernai, rue Georges-Clemenceau, 112.

Saales, rue Lafayette, 31, à Paris.

Saar-Union, à la Société Générale Alsacienne de Banque.

SAVERNE, à la Banque Cromback & Cᵒ.

Schiltigheim, rue des Tonneliers, 2.

Schirmeck, Grande-Rue, 51, à Wisches.

SCHLESTADT, à la Banque du Rhin.

Seltz, maison Louis Bisch.

Soultz-sous Forêts, rue Lafayette, 31, à Paris.

Wasselonne, rue Principale, 46.

Wissembourg, rue Lafayette, 31, à Paris.

RHIN (HAUT-)

(Voir aussi page 123, Territoire de Belfort)

Se servir exclusivement de nos enveloppes libellées comme suit : « Monsieur l'Agent-Correspondant du Contentieux Européen » en complétant sans aucune omission par les adresses indiquées ci-dessous.

COLMAR, rue des Ancêtres, 5.
ALTKIRCH, rue des Boulangers, 15.
Cernay (*localité seulement*), chez M. Louis Christ, à la Mairie.
(Pour toutes les autres Communes de ce Canton, s'adresser à Paris.)
Dannemarie, place Principale, chez M. Octave Jacquin.
Ensisheim, Grande-Rue, 22.
Ferrette, Grand'Rue, 71, chez M. Kuntzmann.
GUEBWILLER (*localité seulement*), chez M. Emile Zwiller, à l'Hôtel de Ville.
Huningue (*localité seulement*), Cabinet Simon Blum.
(Pour toutes les autres Communes de ce Canton, s'adresser à Paris.)
Kaysersberg, rue de la Brasserie, 12.
Masevaux, rue de la Porte-Neuve, 13.
MULHOUSE, rue de Bruebach, 4.
Munster, Grande-Rue, 110.
Neuf-Brisach, place d'Armes, 149.
RIBEAUVILLE, Grand'Rue, 43.
Rouffach, rue du Marché, 1.
Saint-Amarin, Grande-Rue, 34.
Sainte-Marie-aux-Mines, rue Narbey, 6.
Sierentz, rue Lafayette, 31, à Paris.
Soultz, route de Guebwiller, 7.
THANN, chez M. Sylvestre Schieber.
Winzenheim, Grande-Rue, 110, à Munster.

S'adresser à Paris, rue Lafayette, 31, pour les Cantons non mentionnés au Répertoire.

RHONE

Se servir exclusivement de nos enveloppes libellées comme suit : « Monsieur l'Agent-Correspondant du Contentieux Européen » en complétant sans aucune omission par les adresses indiquées ci-dessous.

LYON, *Boîte N° 31*. à Lyon-Terreaux.

Amplepuis, Etude Donjon.

Anse, rue Freton, chez M. Courtois.

L'Arbresle, rue Ferrer, 12.

Beaujeu, place de la Mairie, à la Banque.

Belleville-sur-Saône, rue de la République, maison Chuzeville.

Bois-d'Oingt, maison Marcel Leconte.

Condrieu (*localité seulement*), à la Banque Mas.

Sainte-Colombe-les-Vienne, rue Vimaine, 97, à Vienne (Isère).
(Pour toutes les autres communes de ce canton, s'adresser à Paris.)

Givors, Boîte Postale N° 3.

Lamure-sur-Azergues, Etude Burnichon.

Limonest (*localité seulement*), au Secrétariat de la Mairie.
(Pour toutes les autres Communes de ce Canton, s'adresser à Paris.)

Monsols (*localité seulement*), au Secrétariat de la Mairie.
(Pour toutes les autres Communes de ce Canton, s'adresser à Paris.)

Mornant, chez le Greffier de Paix.

Neuville-sur-Saône, avenue Gambetta, 16.

Saint-Genis-Laval, Etude Bonnaud.

Oullins, à l'Hôtel-de-Ville, chez M. Tis.

Saint-Laurent-de-Chamousset, Etude Terrasse.

Saint-Symphorien-sur-Coise, chez le Greffier de Paix.

Tarare, rue Radisson, 51.

Thizy, Grande-Rue, 18, chez M. Antoine Defond.

Cours, chez M. Badolle, Agent d'Assurances.

Vaugneray (*localité seulement*), chez M. Benoît Chevrot.

Tassin-la-Demi-Lune, avenue Georges Clemenceau, chez M. Clément Lapierre.
(Pour toutes les autres Communes de ce Canton s'adresser à Paris).

VILLEFRANCHE, rue Nationale, 162.

Villeurbanne, *Boîte N° 31*, à Lyon-Terreaux.

Saint-Fons, rue Gambetta, 8.

SAONE (HAUTE-)

Se servir exclusivement de nos enveloppes libellées comme suit : « Monsieur l'Agent-Correspondant du Contentieux Européen » en complétant sans aucune omission par les adresses indiquées ci-dessous.

VESOUL, place de la République, 4.

Amance, Etude Delestre.

Autrey, Grande-Rue, 12, à Gray.

Champagney, maison Allamassey.

Champlitte-et-le-Prélot, rue de la République, 51.

Combeaufontaine, Grande-Rue, maison Duvollet.

Dampierre-sur-Salon, maison Couyba.

Faucogney, chez M. Louis-Albert Jacquey.

Fresne-Saint-Mamès, maison Vital.

GRAY, rue des Casernes, 20.

Gy, chez le Greffier de Paix.

Héricourt, Grande-Rue, 59.

Jussey, rue de l'Hôtel-de-Ville, 3.

LURE, Grande-Rue, 55.

Luxeuil, n° 216, à Saint-Sauveur-les-Luxeuil.

Marnay, Grande-Rue, 22.

Mélisey, rue de l'Eglise, maison Emile Houtre.

Montbozon, route de Besançon, maison Genin.

Noroy-le-Bourg, au Secrétariat de la Mairie.

Pesmes, maison Baudoin.

Port-sur-Saône, Etude Burgey.

Rioz, Etude David.

Saint-Loup, rue des Jardins.

Aillevillers, rue de l'Eau, maison Péroz.

Saulx, chez le Greffier de Paix.

Scey-sur-Saône, rue de la Perception, 3.

Vauvillers, rue du Benveau, 8, maison Poulain.

Villersexel, chez M. Rimey, au Greffe.

Vitrey-sur-Mance, maison Berney fils, à Cintrey.

SAONE-ET-LOIRE

Se servir exclusivement de nos enveloppes libellées comme suit : « Monsieur l'Agent-Correspondant du Contentieux Européen » en complétant sans aucune omission par les adresses indiquées ci-dessous.

MACON, rue de l'Héritan, 3.
AUTUN, rue Saint-Antoine, 16.
Beaurepaire, maison Blanchot-Oudot.
Bourbon-Lancy, rue d'Autun, maison Largy.
Buxy, Etude Comeau.
Chagny, rue de l'Artichaut, maison Paris.
CHALON-SUR-SAONE, rue Carnot, 8.
La Chapelle-de-Guinchay, maison Lacharrière, à Pontane-vaux, commune La Chapelle-de-Guinchay.
CHAROLLES, maison Vernisse.
Chauffailles, rue Antonin Achaintre.
La Clayette, Grande-Rue, maison Noël.
Cluny, rue de la République, ancienne maison Legrand.
Couches-les-Mines, rue Saint-Martin, maison Bidault.
Le Creusot, rue d'Autun, 11.
Cuiseaux, Grande-Rue, maison Billet.
Cuisery, chez M. Pernin, Clerc de Notaire.
Digoin, place du Marché, 1.
Epinac, place de l'Hôtel-de-Ville, maison Vermenot.
Givry, route de Mortière, chez M. Mignucci.
Gueugnon, rue Saint-Charles, maison Viturat.
La Guiche, chez le Greffier de Paix.
Issy-l'Évêque, rue de Montmort, maison A.-B.
LOUHANS, Grande-Rue, 94, maison de la Chapelle.
Lucenay-l'Évêque, rue de la Poste, maison Moreau.
Lugny, maison Bertrand.
Marcigny-sur-Loire, rue des Récollets, maison Veuve Fayolle-Bourdon.
Matour, chez M. Joanny Condemine.
Mesvres, chez M. Camille Paulin.
Montceau-les-Mines, rue Carnot, 28.

SAONE-ET-LOIRE *(Suite)*

Montcenis, place de l'Eglise, maison Bidault.

Blanzy, route Nationale, maison Bœugras.

Montpont, chez M. Aimé Basset.

Montret, chez M. Fernand Oudot.

Mont-Saint-Vincent, chez M. Mittoux-Benoît.

Montchanin-les-Mines, place du Progrès, chez M. Jean Chavet.

Palinges, rue Saint-Thibault, au Greffe.

Paray-le-Monial, avenue de la Gare.

Pierre-de-Bresse, route de Terrans, en face le Parc.

Saint-Bonnet-de-Joux, place du Champ-de-Foire.

Saint-Gengoux-le-National, route de la Promenade, maison Chevreau.

Saint-Germain-du-Bois, route de Lons-le-Saunier, maison Chanussot.

Saint-Germain-du-Plain, chez M. Claude-Théodore Galland.

Saint-Léger-sous-Beuvray, Etude Gonin.

Saint-Martin-en-Bresse, maison L. Gaudillat.

Semur-en-Brionnais, maison Dubreuil.

Sennecey-le-Grand, maison Lévêque, Grande-Rue.

Toulon-sur-Arroux, rue de Paray.

Génelard, rue du Centre, maison Berland, à Perrecy-les-Forges.

Perrecy-les-Forges, rue du Centre, maison Berland.

Tournus, avenue Gambetta, 10.

Tramayes, maison Bioret.

Verdun-sur-le-Doubs, rue Abel-Jeandet, 17.

Voir à la page 2 de la couverture nos instructions spéciales relatives au remplacement du présent Répertoire.

SARTHE

Se servir exclusivement de nos enveloppes libellées comme suit : « Monsieur l'Agent-Correspondant du Contentieux Européen » en complétant sans aucune omission par les adresses indiquées ci-dessous.

LE MANS, rue Saint-Victeur, 22.

Ballon, quartier Saint-Laurent, maison Lebrun.

Beaumont-sur-Sarthe, rue du Repos, maison Cosnuau.

Bonnétable, faubourg Saint-Etienne, 5.

Bouloire, poste restante, à Saint-Calais.

Brûlon, rue Constant-Cordier.

La Chartre-sur-le-Loir, maison Maurice Joubert.

Château-du-Loir, rue Saint-Jean, chez M. Hamelin.

Conlie, Grande-Rue, chez M. Alfred Fourmond.

Écommoy, Etude Bruzeau.

La Ferté-Bernard, rue Denfert-Rochereau, 42.

LA FLÈCHE, rue Saint-Jacques, 31.

Fresnay-sur-Sarthe, Etude Leduc.

La Fresnaye - sur - Chedouet, au Bourg, rue Principale, maison Desmares.

Le Grand-Lucé, route du Mans, maison Gouabault.

Loué, chez M. A. Soury.

Le Lude, Grande-Rue, 3.

Malicorne, rue Saint-Jacques, 31, à La Flèche.

MAMERS, rue de la Poste, 4.

Marolles-les-Braults, rue de Mamers, 15.

Mayet, chez M. Al. Jarrier.

Montfort-le-Rotrou, Grande-Rue, maison Guimier.

Montmirail, chez le Greffier de Paix.

Pontvallain, Etude Touvais.

Sablé-sur-Sarthe, rue du Moulin, 8.

SAINT-CALAIS, rue du Guichet, 22.

Saint-Paterne, rue Lafayette, 31, à Paris.

Sillé-le-Guillaume, rue de Mayenne, 8.

La Suze, rue Saint-Nicolas, maison Guellier.

Tuffé, Etude Pissot.

Vibraye, avenue de la Gare, maison Guillochon.

SAVOIE

Se servir exclusivement de nos enveloppes libellées comme suit : « Monsieur l'Agent-Correspondant du Contentieux Européen » en complétant sans aucune omission par les adresses indiquées ci-dessous.

CHAMBÉRY, rue J.-P. Veyrat, 2.
Aiguebelle, chez le Greffier de Paix.
Aime, chez le Greffier de Paix.
Aix-les-Bains, villa Léontine, à Choudy, par Aix-les-Bains.
Albens, chez le Greffier de Paix.
ALBERTVILLE, place Charles-Albert, 8.
Beaufort, chez le Greffier de Paix.
Bourg-Saint-Maurice, chez M. Maurice Danis.
Bozel, chez le Greffier de Paix.
La Chambre, chez le Greffier de Paix.
Chamoux, à la Mairie, chez M. Neyroux.
Le Châtelard, chez M. Joseph Borrel.
Les Echelles, maison Duffey.
Grésy-sur-Isère, rue de la Raffinière.
Lanslebourg, près l'Eglise.
Modane, rue Lafayette, 31, à Paris.
Montmélian, maison Finas-Duplan.
La Motte-Servolex, au Secrétariat de la Mairie.
MOUTIERS, chez M. Achille Pétraz.
Pont-de-Beauvoisin, rue Bayard, maison Veyret, à Pont-de-Beauvoisin (Isère).
La Rochette, rue de la République, maison J. C. Faisan.
Ruffieux, rue Lafayette, 31, à Paris.
Saint-Genix-sur-Guier, place des Tilleuls, chez M. François Pichat fils.
SAINT JEAN-DE-MAURIENNE, en face la Gendarmerie, à la Banque.
Saint-Michel-de-Maurienne, Groupe Scolaire, rue Nationale.
Saint-Pierre-d'Albigny, Grande-Rue, maison Pellin.
Ugine, rue Charrière.
Yenne, rue Gentil, maison Plottier.

SAVOIE (HAUTE-)

Se servir exclusivement de nos enveloppes libellées comme suit : « Monsieur l'Agent-Correspondant du Contentieux Européen » en complétant sans aucune omission par les adresses indiquées ci-dessous.

ANNECY, avenue du Cret du Maure, maison Mermaz.

Abondance, chez le Greffier de Paix.

Alby-sur-Chéran, chez l'Agent de la Cie d'Assurances "L'Union".

Annemasse, avenue de la Gare, chez M. Léon Dumont.

Le Biot, chez M. Alfred Tournier.

Boëge, Etude Jolivet.

BONNEVILLE, rue du Pont, maison Pinget.

Chamonix, rue du Pont, maison Payot.

Cluses, avenue de la Gare, chez M. Maurice Martin.

Cruseilles, à la Banque Bouille.

Douvaine, maison François Rossiaud.

Évian-les-Bains, rue Nationale, 29.

Faverges, rue Président-Carnot, maison Mottier.

Frangy, rue du Grand-Pont, maison Chatenoud.

Reignier, avenue de Sautenge, maison Gaillard.

La Roche-sur-Foron, rue du Pont-Neuf, maison Amédée Rosnoblet.

Rumilly-Albanais, rue Filaterie, maison Les Fils de Jean Beaud.

Saint-Gervais-les-Bains, maison Paul Fischer.

Saint-Jeoire, Etude Bourgeaux, successeur.

SAINT-JULIEN-GENEVOIS, rue de la Prison, maison G. Clavel.

Sallanches, quai de l'Hôtel-de-Ville, chez M. Louis Demandre.

Samoëns, chez M. Jean Duboin, à la Mairie.

Seyssel, aux Villas, maison Martin.

Taninges, Grande-Rue, chez M. Mary.

Thones, rue des Clefs, chez M. Favier.

THONON, place de la Croix, 6.

Thorens, chez le Greffier de Paix.

SEINE

Toutes les demandes sur ce département doivent être adressées à la Direction, 31, rue Lafayette, à Paris.

Toute réclamation doit être adressée dans les cinq jours, à Paris, en y joignant le duplicata de la demande.

Les Correspondants répondent pour toutes les Communes de leur Canton; ceux qui seront signalés comme n'apportant pas un soin suffisant dans la promptitude et dans la rédaction des réponses seront changés dans la prochaine édition du Répertoire.

Pour contrôler un renseignement, il suffit d'adresser un nouveau bulletin à la Direction, à Paris, en écrivant sur ce bulletin d'une façon apparente le mot : Contrôle.
La réponse est faite par un autre correspondant.

Les Négociants doivent toujours se défier des Clients qui leur font une commande *directement* **sans l'entremise d'un Représentant ou Voyageur.**

SEINE-ET-MARNE

Se servir exclusivement de nos enveloppes libellées comme suit : « Monsieur l'Agent-Correspondant du Contentieux Européen » en complétant sans aucune omission par les adresses indiquées ci-dessous.

MELUN, avenue Thiers, 9.
Bray-sur-Seine, Grande-Rue, 30.
Brie-Comte-Robert, rue de la Gare, 22.
La Chapelle-la-Reine, Etude Degas.
Château-Landon, rue de la Ville-Forte, 7.
Le Châtelet-en-Brie, maison Marcel Robert.
Claye-Souilly, Grande-Rue, 11.
Mitry-Mory, au Secrétariat de la Mairie.
COULOMMIERS, rue du Palais-de-Justice, 5.
Crécy-en-Brie, rue Nationale, 34.
Esbly, rue de la Liberté, 3.
Dammartin-en-Goële, place Lavollée, maison Pardé.
Donnemarie-en-Montois, place du Marché, maison Cochin.
La Ferté-Gaucher, chez le Greffier de Paix.
La Ferté-sous-Jouarre, rue des Hauts-Fossés, 30.
FONTAINEBLEAU, rue Grande, 190.
Lagny-sur-Marne, rue d'Orgemont, 14.
Thorigny, rue de la Mairie, 1 *bis.*
Lizy-sur-Ourcq, route de Mary, maison Richoux.
Lorrez-le-Bocage, route de Montargis, maison J. S. Pitolet.
MEAUX, rue du Grand-Cerf, 15.
Montereau, rue des Fossés, 5.
Moret, rue Marquée, 13.
Mormant, rue de Paris, 1.
Nangis, rue Noas-Daumesnil, 3.
Nemours, rue Bezout, 18.
PROVINS, rue Hugues-le-Grand, 4.
Rebais, place de l'Hôtel-de-Ville, chez M. Henri Deudon.
Rozoy-en-Brie, Etude Debonnière.
Faremoutiers, chez M. Eugène Charbonnier.
Tournan, boulevard Péreire, 16.
Villiers-Saint-Georges, place de la Mairie, 6.
Beton-Bazoches, au Secrétariat de la Mairie.

SEINE-ET-OISE

Se servir exclusivement de nos enveloppes libellées comme suit : « Monsieur l'Agent-Correspondant du Contentieux Européen » en complétant sans aucune omission par les adresses indiquées ci-dessous.

VERSAILLES, rue Lafayette, 31, à Paris.

Argenteuil, rue Lafayette, 31, à Paris.

Bezons, rue Maurice-Berteaux, 12, chez M. Jacquemin.

Herblay, place de la Mairie.

Sannois, rue du Jardin-Renard, 27.
  (Pour toutes les autres Communes de ce Canton, s'adresser à Paris).

Arpajon, Grande-Rue, 7.

Montlhéry, rue de la Gare, 5.

Aulnay-sous-Bois, rue Lafayette, 31, à Paris.

Boissy-Saint-Léger, rue Lafayette, 31, à Paris.

Villiers-sur-Marne, avenue des Maronniers, 18.

Bonnières, Etude Pigé.

Chevreuse, rue de Paris, 21.

CORBEIL, place Saint-Léonard, 11.

Mennecy, rue du Bel-Air, 21.

Dourdan, avenue Carnot, à la Banque.

Ecouen (*localité seulement*), au Secrétariat de la Mairie.

Sarcelles, boulevard de la Gare, 43.

Villiers-le-Bel, boulevard de la Gare, 43, à Sarcelles.
  (Pour toutes les autres Communes de ce Canton, s'adresser à Paris)

ETAMPES, rue de la Cordonnerie, 3.

La Ferté-Alais, rue de la Cordonnerie, 3, à Etampes.

Gonesse, rue Lafayette, 31, à Paris.

Houdan, Grande-Rue, 75.

L'Isle-Adam, rue Victor-Hugo, 2, à Beaumont-sur-Oise.

Limay, rue du Chapeau-Rouge, 15, à Mantes-sur-Seine.

SEINE-ET-OISE *(Suite)*

Limours, rue Lafayette, 31, à Paris.

Longjumeau (*localité seulement*), rue de Chilly, 9.

Ablon, avenue des Marguerites, 18, à Villeneuve-le-Roi.

Athis-Mons, avenue des Marguerites, 18, à Villeneuve le-Roi.

Athis-Val, avenue des Marguerites, 18, à Villeneuve-le-Roi.

Epinay-sur-Orge, rue du Four, face la Gare.

Juvisy-sur-Orge, avenue des Marguerites, 18, à Villeneuve-le-Roi.

Savigny-sur-Orge, rue du Four, face la Gare, à Epinay-sur-Orge.

Villeneuve-le-Roi, avenue des Marguerites, 18.

Viry-Châtillon, avenue des Marguerires, 18, à Villeneuve-le-Roi.

(Pour toutes les autres Communes de ce Canton, s'adresser à Paris).

Luzarches, Etude Fourcroy.

Magny-en-Vexin, rue de Beauvais, chez M. Choin.

Maisons-Laffitte (*localité seulement*), avenue de Saint-Germain, 23.

(Pour toutes les autres communes de ce Canton, s'adresser à Paris).

MANTES-SUR-SEINE, rue du Chapeau-Rouge, 15.

Marines, route de Pontoise, 10.

Marly-le-Roi, place du Chenil, 6.

Bougival, rue du Maréchal-Joffre, 64.

Rueil, rue de Suresnes, 13.

Méréville, rue de la Madeleine.

Meulan, boulevard Maurice-Berteaux, 20.

Milly, rue Saint-Blaise, maison Paul Privez.

Montfort-l'Amaury, rue de Dion, 8.

Montmorency, rue Lafayette, 31, à Paris.

Eaubonne, rue Albert Ier, 4.

Franconville, rue G. Berlin, 16.

SEINE-ET-OISE (*Suite*)

Saint-Gratien, à la Mairie, chez M. Barloy.
  (Pour toutes les autres Communes de ce Canton, s'adresser à Paris)
Palaiseau, rue Nicaise, 3.
Poissy, avenue Maurice-Berteaux, 2.
PONTOISE, Grande-Rue, 31.
Le Raincy, rue Lafayette, 31, à Paris.
RAMBOUILLET, rue des Vignes, 12.
Saint-Germain-en-Laye (*localité seulement*), rue Ducastel, 1.
Le Pecq, au Secrétariat de la Mairie.
Le Vésinet, rue Pasteur, 11.
  (Pour toutes les autres Communes de ce Canton, s'adresser à Paris).
Sèvres, rue Lafayette, 31, à Paris.
Garches, boulevard de la Station, 1.
  (Pour toutes les autres Communes de ce Canton s'adresser à Paris).
Villeneuve-Saint-Georges, rue Lafayette, 31, à Paris.
Brunoy, place de la Mairie, chez M. Renault.
  (Pour toutes les autres Communes de ce Canton, s'adresser à Paris).

———

Les localités imprimées en italique sont les Communes du Canton qui les précède. En raison de leur importance, nous y avons créé un Correspondant.

SEINE-INFÉRIEURE

Se servir exclusivement de nos enveloppes libellées comme suit: « Monsieur l'Agent-Correspondant du Contentieux Européen » en complétant sans aucune omission par les adresses indiquées ci-dessous.

ROUEN, rue Saint-Nicaise, 29.

Argueil, rue de Paris, maison Gastellier.

Aumale, rue de Normandie.

Bacqueville, place du Marché, maison Neveu.

Luneray, Etude Simon.

Bellencombre, chez M. G. Buron.

Blangy-sur-Bresle, Grande-Rue, 44.

Bolbec, rue Pierre-Fauquet-Lemaître, 45.

Boos, Etude Selle, à Notre-Dame-de-Franqueville.

Buchy, place du Marché-aux-Porcs, maison Caret.

Cany-Barville, Grande-Rue, maison Gustave Follain.

Caudebec-en-Caux, place de l'Orme, maison Leroux.

Clères, place du Marché, maison Tesnière.

Criquetot-Lesneval, Etude Périer.

Darnétal, Place Thiers, 3.

Ry, Etude Guéret.

DIEPPE, rue Victor-Hugo, 10.

Doudeville, route d'Yvetot.

Duclair, chez le Greffier de Paix.

Elbeuf, rue Poulain, 11.

Envermeu, rue de Dieppe, à la Banque.

Eu, place d'Orléans.

Le Tréport, rue de Dieppe, 32.

Fauville, Grand-Rue, chez M. Raoul Beaudet.

Fécamp, rue Aléxandre-Legros, 10.

Fontaine-le-Dun, place de la Mairie, maison Hurissel.

Forges-les-Eaux, chez M. Henri Duguet, Assurances.

Goderville, route de Fécamp, chez l'agent de la Compagnie l'Europe.

Gournay-en-Bray, rue de Paris, 18.

Grand-Couronne, rue de Bas, chez M. Louis Salmon.

Petit-Quévilly, rue des Bons-Enfants, 104, à Rouen.

LE HAVRE, rue Général-Galliéni, 9.

Lillebonne (*localité seulement*), rue de la Volonté, 4, maison Lefebvre.

(Pour toutes les autres Communes de ce Canton, s'adresser à Paris.)

SEINE-INFÉRIEURE *(Suite)*

Londinières, rue Froide, 12.
Longueville, maison Lécaux.
Maromme, route du Hâvre, 173.
Deville-les-Rouen, rue des Bons-Enfants, 104, à Rouen.
Malaunay, route de Dieppe, 203.
Mont-Saint-Aignan, rue des Bons-Enfants, 104, à Rouen.
Montivilliers, Etude Perrigault.
Harfleur, rue de la République, Etude Fleury.
NEUFCHATEL-EN-BRAY, rue Cauchoise, 34.
Offranville, rue de la Gare, maison Rudet.
Ourville, Etude Cavelan
Pavilly, Place de la Halle, 2.
Barentin, rue Louis-Leseigneur, 10.
Saint-Romain-de-Colbosc, chez le Grèffier de Paix.
Saint-Saëns, Etude Leber.
Saint-Valéry-en-Caux, chez M. André Poulet.
Sotteville-lès-Rouen, rue Jean-Cecille, 116.
Tôtes, Etude Chevalier.
Auffay, Etude Rasse.
Valmont, rue d'Orléans, maison Barbier.
Yerville, Etude Bornon.
YVETOT, case Postale, 8.

A notre époque de concurrence effrénée, où chaque Maison a des Voyageurs, des Représentants locaux visitant régulièrement la clientèle, il faut tenir pour suspecte toute demande de crédit émanant **directement** *d'un inconnu.*

De plus, nous rappelons qu'un seul renseignement est généralement insuffisant, car l'Agence n'est pas infaillible.

Par suite et dans leur propre intérêt, nous recommandons à nos abonnés de faire une dépense d'information proportionnée au chiffre du crédit à risquer, soit par exemple :

Jusqu'à 1.000 francs . .   2 Renseignements.
Et au-dessus   3   id.

SÈVRES (DEUX-)

Se servir exclusivement de nos enveloppes libellées comme suit : « Monsieur l'Agent-Correspondant du Contentieux Européen » en complétant sans aucune omission par les adresses indiquées ci-dessous.

NIORT, Grande-Rue-Notre-Dame, 13.
Airvault, rue du Quatre-Septembre, 26.
Argenton-Château, chez le Greffier de Paix.
Beauvoir-sur-Niort, chez le Greffier de Paix.
BRESSUIRE, route de Poitiers, 10.
Brioux, Etude Brugier.
Celles, rue Belle-Face, chez M. Charles Lauquin.
Cerizay, route de Châtillon, chez M. G. Manseau.
Champdeniers, route de Niort, chez M. Jean-Armand Proust.
Châtillon-sur-Sèvre, chez le Greffier de Paix.
Chef-Boutonne, rue de l'Ancienne-Mairie, ancienne maison Dubreuilh.
Coulonges-sur-l'Autize, avenue de la Gare, maison Logeay.
Frontenay-Rohan-Rohan, chez M. Théophile Neaud.
Lezay, place du Marché, maison Marché.
Mauzé, Grande-Rue, chez M. A. Brisset.
Mazières-en-Gatine, rue de la Fontaine.
MELLE, route de Nantes à Limoges, lieu dit "Le Parapluie", à Melle (D.-S.).
Ménigoute, Etude Blanchard.
Moncoutant, chez M. René Bonnain.
La Mothe-Saint-Héraye, chez M. Louis Paris.
PARTHENAY, rue du Pont-Neuf, 9.
Prahecq, chez le Greffier de Paix.
Saint-Loup, chez M. J. Boulin.
Saint-Maixent, avenue du Président-Wilson, 92.
Saint-Varent, Etude Julien.
Sauzé-Vaussais, chez M. Frédéric Dupont.
Secondigny, rue de la Gare, maison Moulin.
Thénezay, route de la Ferrière, chez M. A.-E.
Thouars, rue Porte-au-Prévôt, 20.

SOMME

AMIENS, rue Louis-Thuillier, 52.

ABBEVILLE, rue Boucher-de-Perthes, 18.

Acheux, chez M. Lucien Duhamel.

Ailly-le-Haut-Clocher, route Nationale, maison Cailleux.

Saint-Riquier, au Secrétariat de la Mairie.

Ailly-sur-Noye, rue Pellieux, 19.

Albert, rue Paul-Bert, 12.

Ault, avenue de la Gare, 12, villa "Le Belvédère".

Bernaville, rue de Domart, maison Vassard.

Boyes, rue de la Gare, 12.

Bray-sur-Somme, chez le Greffier de Paix.

Chaulnes, chez le Greffier de Paix.

Combles, rue Paul-Bert, 12, à Albert.

Conty, Grande-Rue, maison Arthur Forteguerre.

Corbie, rue du Marais, 65.

Villers-Bretonneux, chez M. Gustave Leclercq.

Crécy (*localité seulement*), chez M. Georges Cahon.
   (Pour toutes les autres Communes de ce Canton, s'adresser à Paris.)

Domart-lez-Ponthieu, rue du Val, maison Damervalle.

DOULLENS, rue Saint-Ladre, 45 *bis.*

Gamaches, rue Gambetta, 8.

Hallencourt, rue Louis-Deneux, maison Lefeuvre.

Ham, rue de Sorigny, maison J. Carpentier.

Hornoy, Etude Dufétel.

Molliens-Vidame, chez M. Jules Philippe, au Greffe.

Airaines, place de l'Abbaye.

MONTDIDIER, cité Administrative, 7.

SOMME *(Suite)*

Moreuil, rue Veuve Thibauville, 37.

Moyenneville, maison Cozette, à Feuquières-en-Vimeu.

Nesle, rue du Hocquet, 11.

Nouvion-en-Ponthieu, route Nationale, en face la Gendarmerie.

Oisemont, rue de la Prévôté, chez M. Descamps.

PÉRONNE, rue du Poilu, 16.

Picquigny (*localité seulement*), au Secrétariat de la Mairie.

Flixécourt, rue Saint-Jean-Baptiste, chez M. Routier.
   (Pour toutes les autres Communes de ce Canton, s'adresser à Paris)

Poix, chez le Greffier de Paix.

Roisel, Etude Gosset.

Rosières-de-Picardie, Etude Villain.

Roye, rue Hôpital-Bernard, 8.

Rue, chez le Greffier de Paix.

Saint-Valéry-sur-Somme, rue de la Ferté, 14.

Villers-Bocage, Maison Tholomé, route Nationale.

**Il est indispensable de mentionner sur
l'enveloppe de demande de renseignements
la rue et le numéro du Correspondant ou
l'indication qui y supplée.**

**Les Abonnés ne doivent envoyer à nos
Correspondants que des bulletins** *munis de
leur talon de droite.*

TARN

ALBI, lices de Rhônel, 6.
Alban, lices de Rhônel, 6, à Albi.
Anglès, chez M. Armand Maynadier.
Brassac, rue Lafayette, 31, à Paris.
Cadalen, lices de Rhônel, 6, à Albi.
Carmaux, Place Jean-Jaurès, 7.
Castelnau-de-Montmiral, rue de la Poste, maison Négrier.
CASTRES, rue des Fossés, 12.
Cordes, quartier de la Place, maison Mandirac.
Dourgne, au Barry, chez M. Mas.
GAILLAC, lices de Rhônel, 6, à Albi.
Graulhet, rue Gambetta, 5.
Labruguière, rue de l'Hôtel-de-Ville, 15.
Lacaune, pont de Larroque, maison Palaizy.
Lautrec, chez M. André Serres.
LAVAUR, Grande-Rue, maison Courtois.
Lisle-sur-Tarn, lices de Rhônel, 6, à Albi.
Mazamet, Boîte Postale, 148.
Monestiès, chez M. Bermond, contentieux, rue de Ciron, 6, à Albi.
Montredon, maison Jules Sabarthez.
Murat-sur-Vèbre, Etude Vergnes.
Pampelonne, maison Léopold Durand.
Puylaurens, rue Coldonat, maison Jules Fournes.
Rabastens, Grand Faubourg, maison Aragou.
Réalmont, route de Castres.
Roquecourbe, avenue de Castres, maison Paul Valette.
Saint-Amans-Soult, chez M. Jean-Casimir Cèbe.
Saint-Paul-Cap-de-Joux, Grande-Rue, maison Courtois, à Lavaur.
Vabre, Grand'Rue, maison Gourc-Bieysse.
Valderiès, lices de Rhônel, 6, à Albi.
Valence, chez le Greffier de Paix.
Vaour, Etude Bès.
Vielmur, chez le Greffier de Paix.
Villefranche, lices de Rhônel, 6, à Albi.

TARN-ET-GARONNE

Se servir exclusivement de nos enveloppes libellées comme suit : « Monsieur l'Agent-Correspondant du Contentieux Européen » en complétant sans aucune omission par les adresses indiquées ci-dessous.

MONTAUBAN, rue des Carmes, 15.

Auvillars, rue Lafayette, 31, à Paris.

Beaumont-de-Lomagne, rue Pierre-Fermat, chez M. B. Faubin.

Bourg-de-Visa, chez le Greffier de Paix.

CASTELSARRASIN, rue de la Constitution, 25.

Caussade, cours du Jardin-Public, maison Bounhoure.

Caylus, chez le Greffier de Paix.

La Française, chez M. Elie-Jean Fley.

Grisolles, route de Toulouse, maison Jauvert.

Lauzerte, rue de la Poste, maison Laval.

Lavit-de-Lomagne, chez M. Pierre Bousquet.

MOISSAC, place du Palais, chez Madame Fagonde.

Molières, chez le Greffier de Paix.

Monclar-de-Quercy, maison Clavel, près la Poste.

Montaigu-de-Quercy, boulevard des Châtaigniers, maison Guibal.

Montech, rue des Pénitents, 10.

Montpezat, place de l'Hôtel-de-Ville, maison Galand.

Négrepelisse, maison Albert Jouany.

Saint-Antonin, chez M. Henri Bourès.

Saint-Nicolas-de-la-Grave, rue Lamothe-Cadillac, chez M. Edouard Duchayne.

Valence-d'Agen, Etude Bessou.

Verdun-sur-Garonne, Etude Godin.

Villebrumier, rue Lafayette, 31, à Paris.

Toute demande faite *sans bulletin* est interdite.

TERRITOIRE DE BELFORT

Se servir exclusivement de nos enveloppes libellées comme suit : « Monsieur l'Agent-Correspondant du Contentieux Européen » en complétant sans aucune omission par les adresses indiquées ci-dessous.

BELFORT, rue de l'Industrie, 1.

Delle, Informations, maison Sauvageot-Gressot.

Fontaine, Grande Rue, 30.

Giromagny, Grande-Place, 10.

Rougemont-le-Château, Café de la Clé d'Or.

Pour tous Recouvrements de Créances, Productions à Faillites, Procès, Consultations juridiques, Rédaction d'Actes sous seing privé,

EMPLOYEZ

NOTRE SERVICE "CONTENTIEUX"

dont vous lirez les conditions à la page 3 de la couverture.

VAR

DRAGUIGNAN, allées d'Azémar, 7.

Aups, rue Voltaire, chez M. Justin Fulliquet.

Barjols, Etude Messié.

Le Beausset, boulevard Chanzy, 23.

Besse sur-Issole, rue Notre-Dame, maison Castueil.

BRIGNOLES, rue Docteur-Barbaroux, 39.

Callas, rue Saint-Eloi, maison Foucon.

Collobrières, place de la Convention, 8, à Cuers.

Comps-du-Var, chez M. Henri Maurin, Commis-Greffier.

Cotignac, rue du Café, r.

Cuers, place de la Convention, 8.

Pierrefeu, rue Jules-Favre, maison Comino, chez M. Touzé.

Fayence, place de la République, maison Martel.

Fréjus, Place Versailles maison Poudra.

Saint-Raphaël, boulevard des Cistes, 5.

Grimaud, chez M. Théophile Bérenguier.

Hyères, avenue Gambetta, 34.

Lorgues, rue de la République, 16.

Le Luc, chez M. Moïse Courdouan, à Vidauban.

Ollioules, cours Voltaire, 9.

Rians, rue des Ecoles, chez M. Murati.

La Roquebrussanne, Grande-Rue, 15.

Saint-Maximin, Grande-Rue, maison Henri Bœuf.

Saint-Tropez, rue Gambetta, 4.

Salernes, rue Voltaire, 1, maison Paul Héraud.

La Seyne-sur-Mer, rue d'Alsace, 32.

Solliès-Pont, rue Charles-Terrin, 6

Tavernes, chez le Greffier de Paix.

TOULON, avenue Colbert, 9.

VAUCLUSE

AVIGNON, rue Peyrolerie, 5,

APT, rue Eugène-Brunel, 14.

Beaumes-de-Venise, Etude Rastel, à Malaucène.

Bédarrides, chez M. Léon Deurrieu, à Sorgues.

Bollène, Banque L. Escoffier.

Bonnieux, rue Raspail, 1.

Cadenet, place Mirabeau.

CARPENTRAS, rue de la Sous-Préfecture, 6.

Cavaillon, avenue de la Gare, 3.

Gordes, rue de la Combe, maison Joseph Escoffier.

L'Isle-sur-la-Sorgue, Etude Coutelan.

Malaucène, Etude Rastel.

Mormoiron, Etude Marcellin.

ORANGE, avenue de la Gare, 26 *bis*.

Pernes (*localité seulement*), au Pont de Villeneuve, chez M. Armand Eugène.
(Pour toutes les autres Communes de ce Canton, s'adresser à Paris.)

Pertuis, cours de la République, 58.

Sault, rue Lafayette, 31, à Paris.

Vaison, Etude Gevaudan.

Valréas, cours du Berteuil, chez M. Lions.

———

Toute réclamation doit être adressée dans les cinq jours à Paris, en y joignant le duplicata de la demande.

VENDÉE

LA ROCHE-SUR-YON, rue des Halles, 13.

Beauvoir-sur-Mer, M. Rousseau, Agent d'Assurances.

Chaillé-les-Marais (*localité seulement*), chez M. Auguste Cornière, le Perrier, à Chaillé-les-Marais.

Challans, rue de la Fontaine, maison Bidé.
(Pour toutes les autres Communes de ce Canton, s'adresser à Paris)

Chantonnay, chez le Greffier de Paix.

La Châtaigneraie, maison Constant Fleurisson.

Les Essarts, maison Gabriel Prézeau.

FONTENAY-LE-COMTE, rue de la Pie, 6.

Les Herbiers, rue de la Bienfaisance, maison Desfeux.

L'Hermenault, chez M. Louis Gaborit.

L'Ile-d'Yeu, rue du Secret.

Luçon, quai Ouest, 9.

Maillezais, rue de la Pie, 6, à Fontenay-le-Comte.

Mareuil, Etude Baradeau.

Montaigu, maison René Guicheteau.

Mortagne-sur-Sèvre, rue Nationale, maison Boiteau père.

La Mothe-Achard, maison Friconneau.

Noirmoutier, sur le boulevard, chez M.-Louis Moizeau-Gautier.

Palluau, rue des Sables-d'Olonne, près l'Eglise.

Poiré-sur-Vie, chez le Greffier de Paix.

Pouzauges, chez M. André Grenon.

Rocheservière, rue de la Gare, 7.

LES SABLES-D'OLONNE, rue des Corderies.

Saint-Fulgent, les Lauriers.

Saint-Gilles-sur-Vie, villa du Bosquet.

Sainte-Hermine, maison Veuve Grangien.

Saint-Hilaire-des-Loges, maison Vallaud.

Saint-Jean-de-Mont, villa du Bosquet, à Saint-Gilles-sur-Vie.

Talmont, route de Fontenay-le-Comte, chez M. Marcel Voisin.

VIENNE

Se servir exclusivement de nos enveloppes libellées comme suit : « Monsieur l'Agent-Correspondant du Contentieux Européen » en complétant sans aucune omission par les adresses indiquées ci-dessous.

POITIERS, rue Théophraste-Renaudot, 22.
Availles-Limousines, Etude Deschamps.
Charroux, rue Saint-Sulpice, maison Bézaguet.
CHATELLERAULT, rue du Verger, 58.
Chauvigny, place du Marché, maison Brimaud.
CIVRAY, rue Louis XIII, chez M. Boisson.
Couhé, chez le Greffier de Paix.
Dangé, chez le Greffier de Paix.
Gençay, Etude Allard.
L'Isle-Jourdain, Etude Pauleau.
Leigné, chez le Greffier de Paix, à Saint-Gervais.
Lencloître, chez M. Amédée Faulcon.
LOUDUN, rue de la Société, 12.
Lusignan, Etude Rogeon.
Lussac-les-Châteaux, rue Croix-Canard.
Mirebeau, Etude Marot.
Moncontour, Etude Chenu.
MONTMORILLON, Grande-Rue, Maison Briand.
Monts-sur-Guesnes, chez le Greffier de Paix.
Neuville-de-Poitou, route de Vouillé, chez M. Georges Andrault.
Pleumartin, rue de la Gare, chez M. Jules Mesnard, à la Roche-Posay.
Saint-Georges-les-Baillargeaux, Etude Gaston Fradin.
Saint-Julien-l'Ars, Etude Henri Rocher.
Saint-Savin, rue Lafayette, 31, à Paris.
La Trimouille, Grande-Rue, maison Briand, à Montmorillon.
Les Trois-Moutiers, maison Bastard-Baillergeau.
La Villedieu-du-Clain, Château-Gaillard.
Vivonne, chez le Greffier de Paix.
Vouillé, maison Emile Mathé, à la Barre, commune de Vouillé.
Vouneuil, Etude Deslandes, à Bonneuil-Matours.

VIENNE (HAUTE-)

Se servir exclusivement de nos enveloppes libellées comme suit: « Monsieur l'Agent-Correspondant du Contentieux Européen » en complétant sans aucune omission par les adresses indiquées ci-dessous.

LIMOGES, rue du 71e-Mobiles, 14.

Aixe-sur-Vienne, route de Bordeaux, maison Decoux.

Ambazac, chez M. Denis Giroux.

BELLAC, à la Banque de l'Union Régionale.

Bessines, chez le Greffier de Paix.

Chalus, Etude Bureau.

Châteauneuf-la-Forêt, maison Sylvain Gilles.

Châteauponsac, avenue de la Gare, maison Guillemot.

Le Dorat, route du Blanc, chez M. Couronnet.

Eymoutiers, maison Bureau.

Laurière, chez le Greffier de Paix.

Magnac-Laval, chez M. E. Pigalle.

Mézières-sur-Issoire, place de l'Eglise, maison E. Peyraud.

Nantiat, rue du Puits-Lamousse, maison Lamousse.

Nexon, avenue de la Gare, Banque Delaty.

Nieul, chez le Greffier de Paix.

Oradour-sur-Vayres, Place du Champ de Foire.

Pierre-Buffière, chez M. Gabriel Ruchaud.

ROCHECHOUART, place Béraud, maison Gauthier.

Saint-Germain-les-Belles-Filles, place du Foirail, maison Maublanc.

Saint-Junien, chez M. Troutaud-Guagno.

Saint-Laurent-sur-Gorre, chez M. F. Laporte, Commis-Greffier.

Saint-Léonard, rue Aumônière, 59.

Saint-Mathieu, Etude Barre.

Saint-Sulpice-les-Feuilles, place du Champ-de-Foire, maison Gaulier.

SAINT-YRIEIX, place de la Nation, 36.

VOSGES

Se servir exclusivement de nos enveloppes libellées comme suit: « Monsieur l'Agent-Correspondant du Contentieux Européen » en complétant sans aucune omission par les adresses indiquées ci-dessous.

ÉPINAL, rue Claude Gelée, 7.

Bains-en-Vosges, maison Georges Virot.

Brouvelieures, Etude Pelletier.

Bruyères, rue de l'Eglise, 5.

Bulgnéville, Etude Vaché.

Charmes, rue des Capucins, maison Leclerc.

Châtel-sur-Moselle, quai de la Moselle, 1.

Châtenois, rue de la Poste, chez M. G. Welsch.

Corcieux, rue Henry, 28 *bis.*

Coussey, rue du Milieu, près de l'Eglise.

Darney, rue de la République, 34.

Dompaire, route de Vittel, chez M. Paul Genot.

Fraize, chez le Greffier de Paix.

Gérardmer, rue Saint-Gérard, chez M. Henri Lalvée.

Lamarche, Etude Baudelet.

MIRECOURT, place Gambetta, 71.

Monthureux-sur-Saône, faubourg de Regnévelle, 1.

NEUFCHATEAU, rue Saint-Léon, 19.

Plombières-les-Bains, rue de l'Ancienne-Cure.

Val-d'Ajol, Grande-Rue, maison Delapierre.

Provenchères-sur-Fave, rue Haute, 77.

Rambervillers, rue Général-Richard, 4.

Raon-l'Étape, faubourg de St.-Dié, 18.

REMIREMONT, Grande-Rue, 58.

SAINT-DIÉ, place Saint-Martin, 3.

Saulxures-sur-Moselotte, à la Poirie, commune de Saulxures-sur-Moselotte.

Vagney, Etude Boulard.

Sénones, place de l'Hôtel-de-Ville, maison Verdant.

Le Thillot, place de la République.

Vittel, Place de l'Hôtel de Ville, 7.

Xertigny, maison André Antoine.

YONNE

AUXERRE, rue Jeanne-d'Arc, 15.
Aillant-sur-Tholon, chez le Greffier de Paix.
Ancy-le-Franc, avenue du Château, maison Mairet.
AVALLON, rue du Collège, 14.
Bléneau, rue d'Hocquincourt, maison Rousseau.
Brienon, rue du Collège, maison Chaudet.
Cerisiers, Grande-Rue, 49.
Chablis, boulevard Jean-Jacques-Rousseau.
Charny, rue de Villeneuve, 27, à Courtenay (Loiret).
Chéroy, rue de la République, 26 *bis*.
Coulanges-la-Vineuse, Grande-Rue, maison Colas.
Coulanges-sur-Yonne, rue Comtesse-Mahaut, maison Marlin.
Courson, route d'Auxerre, maison Darces.
Cruzy-le-Châtel, rue de la Mairie, maison J. Courties.
Flogny, chez M. Casimir Rincent.
Guillon, place de la Victoire, maison Gustave Marchand.
L'Isle-sur-Serein, chez le Greffier de Paix.
JOIGNY, quai Henri-Ragobert, 16.
Ligny-le-Châtel, rues Maison-Dieu et du Carrouge.
Noyers-sur-Serein, Etude Plé.
Pont-sur-Yonne, (*localité seulement*), rue de Bourdeau, maison Lescout.
    (Pour toutes les autres Communes de ce Canton, s'adresser à Paris.)
Quarré-les-Tombes, chez M. Louis Lenoble.
Saint-Fargeau, rue Saint-Martin, à la Banque.
Saint-Florentin, place de la Halle-aux-Grains, chez M. Maurice Ricard.
Saint-Julien-du-Sault, Villa Jeanne-Henriette.
Saint-Sauveur-en-Puisaye, chez M. Achille Chocat.
Seignelay, Etude Frécault.
SENS, rue Pasteur, 3.
Sergines, rue des Bois, 11.
TONNERRE, rue Rougemont, 9
Toucy, rue Philippe-Verger, 11.
Vermenton, place du Thureau.
Vézelay, Etude Cafel.
Villeneuve-l'Archevêque, rue de la République, 58.
Villeneuve-sur-Yonne, Etude Henri Guttin.

ALGÉRIE

OBSERVATION. — L'obtention des Renseignements sur l'Algérie est généralement difficile et lente.

En dehors des délais de distances dont il est nécessaire de tenir compte, il ne faut pas oublier que l'Algérie est violemment divisée par les questions politiques et surtout par les questions de races. — Il en résulte des lenteurs et des difficultés sérieuses pour rester impartial dans l'annotation des Bulletins de Renseignements.

DÉPARTEMENT D'ALGER

ALGER, rue d'Isly, 56.

Aumale, rue Lafayette, 31, à Paris.

Blida, rue Saadi, 4.

Boufarik, rue Amiral-Courbet, maison Sangouard.

Bouira, place de Strasbourg, maison Pointet.

Cherchell, maison Paul Tourre.

Koléa, rue de l'Eglise, maison Finateu.

Maison-Carrée, quartier Belfort, villa Llopès.

MÉDÉAH, chez le Greffier de Paix.

MILIANAH, place Carnot, chez M. Gabriel Adira.

Affreville, Etude Lassalle.

ORLÉANSVILLE, rue d'Isly, chez M. Eugène Clément.

TIZI-OUZOU, chez M. Courtois, Hôtel Koller.

ALGÉRIE *(Suite)*

Lire la note page 131

DÉPARTEMENT DE CONSTANTINE

Se servir exclusivement de nos enveloppes libellées comme suit : « Monsieur l'Agent-Correspondant du Contentieux Européen » en complétant sans aucune omission par les adresses indiquées ci-dessous.

CONSTANTINE, rue Pinget, 22.

Aïn-Beida, rue Saint-Athanase, 7.

Aïn-M'Lila, rue de la Gare, maison Parini, en face l'Ecole des Filles.

BATNA, rue Jules-Ferry, 23.

Biskra, chez M. M'Sélati, boulevard Mac-Mahon.

BONE, rue Gambetta, maison Guez Frères.

Bordj-Bou-Arréridj, Etude Ayach.

BOUGIE, rue Trézel, chez M. Lucien Fonville.

La Calle, rue Saint-Louis, chez M. Paul Touchelay.

Djidjelli, rue Bétancourt, maison Leca.

GUÉLMA, rue Victor-Bernès, 14.

Jemmapes, rue Barral, maison Chappuis.

Mondovi, Etude Nabeth.

PHILIPPEVILLE, rue Galbois, 16.

Saint-Arnaud.

SÉTIF, rue Valée, 3.

Souk-Ahras, rue de la Gloire, 5.

Tébessa, Etude Four.

S'adresser à Paris, rue Lafayette, 31, pour les Cantons non mentionnés au Répertoire.

ALGÉRIE (*Suite*)

Lire la note page 131

DÉPARTEMENT D'ORAN

Se servir exclusivement de nos enveloppes libellées comme suit : « Monsieur l'Agent-Correspondant du Contentieux Européen » en complétant sans aucune omission par les adresses indiquées ci-dessous.

ORAN, rue de Lesseps, 6.

Aïn-Temouchent, Cabinet Bénoliel.

Arzew, rue Denfert, 20.

Cassaigne, maison Urbain Pastré.

MASCARA, rue de Saïda, 18.

MOSTAGANEM, rue de l'Alma, 7.

Nemours, chez M. Pic, à la Mairie.

Perrégaux, chez M. J. Sourrouille.

Relizane, chez M. Constant Ramonda, propriétaire.

Saïda, Cabinet d'affaires Ch. Bénarouche.

Saint-Denis-du-Sig, rue d'Isly, 10.

SIDI-BEL-ABBÈS, rue Saint-Augustin, 14.

Tiaret, maison Louis Boyet, " La Vérité ".

TLEMCEN, boulevard National, 10.

S'adresser à Paris, rue Lafayette, 31, pour les Cantons non mentionnés ci-dessus et les localités du Sud-Oranais.

TUNISIE

Se servir exclusivement de nos enveloppes libellées comme suit : « Monsieur l'Agent-Correspondant du Contentieux Européen » en complétant sans aucune omission par les adresses indiquées ci-dessous.

TUNIS, place de Constantine, 23.

Bizerte, avenue d'Algérie, chez M. Henri Seyman.

Djerba, chez le Greffier de Paix.

Gabès, cité Saada, chez M. I. Saada.

Gafsa, rue des Souks.

Kairouan, Grande-Rue, 14.

Sfax, case postale 174.

Sousse, rue du Caire, maison André Bitbol.

Il est indispensable de mentionner sur l'enveloppe de demande de renseignements la rue et le numéro du Correspondant ou l'indication qui y supplée.

PRINCIPAUTÉ DE MONACO

MONACO et la Principauté, rue Comte-F.-Gastaldi 1, à Monaco.

GRAND-DUCHÉ DE LUXEMBOURG

LUXEMBOURG et tout le Duché, chez M. Albert Scholler, à Esch-sur-Alzette.

GROUPE N° 2

Belgique, Italie, Territoire de la Sarre, Maroc.

SERVICE DIRECT

Pour la Belgique seulement

Les demandes sur l'Italie, le Territoire de la Sarre et le Maroc doivent être adressées à Paris.

AVIS

Les fluctuations du change pouvant modifier à tout moment les prix de revient des renseignements sur les pays étrangers nous font une impossibilité de maintenir un tarif fixe pour ces pays.

Nous délivrons néanmoins des carnets d'abonnement pour l'étranger à partir de 10 bulletins, à des conditions de prix aussi modérées que possible **et qui sont établies lors de chaque souscription.**

La durée de validité de ces carnets est fixée à UN AN. Elle peut être prorogée à expiration pour une période égale avec ou sans majoration de prix, suivant la tenue du change et les conditions économiques générales.

Tout renseignement sur un pays étranger demandé sans abonnement spécial est facturé séparément. Le prix de chaque renseignement ainsi fourni correspond à celui de l'abonnement à la série de 10 bulletins, majoré de 2 francs.

Bien entendu, si la demande est formulée au moyen d'un bulletin du carnet **FRANCE**, il est tenu compte au demandeur de la valeur dudit bulletin.

En aucun cas, nos correspondants ne sont autorisés à percevoir de suppléments.

Voir page 136 les adresses de nos correspondants en Belgique.

BELGIQUE

Se servir exclusivement de nos enveloppes libellées comme suit: «Monsieur l'Agent-Correspondant du Contentieux Européen» en complétant sans aucune omission par les adresses indiquées ci-dessous.

BRUXELLES, rue de l'Evêque, 29, à Bruxelles.

Anvers, rue de l'Eglise, 125.

Arlon, Grand'Rue, 22.

Ath, rue Isidore-Hotton, 55.

Bruges, rue Espagnole, 3.

Charleroi, rue Prunieau, 2.

Courtrai, rue du Palais, 3.

Gand, rue du Bluet, 24.

Liége, rue Florimont, 7.

Louvain, Marché aux Grains, 19.

Mons, rue des Groseilliers, 4.

Namur, quai de Meuse, 13 *bis*, à Jambes-Namur.

Neufchâteau, avenue de la Gare, 7.

Ostende, boulevard Alphonse-Pieters, 62.

Roulers, rue des Arts, 40.

Thuin, rue du Chant-des-Oiseaux, 3.

Tournai (*localité seulement*), rue Rogier, 8, près les Hospices.
(Pour le reste de l'Arrondissement, s'adresser à Bruxelles).

Verviers, rue Bidaut, 49.

(Pour le reste de la Belgique, s'adresser à Bruxelles).

Les Correspondants de Belgique répondent pour toutes les Communes de leur Arrondissement.

GROUPE N° 3

Grande-Bretagne et Irlande, Pays-Bas, Allemagne, Autriche, Hongrie, Suisse, Portugal, Espagne, Bulgarie, Grèce.

SERVICE DIRECT

Pour la Suisse seulement

Les demandes sur les autres pays du Groupe N° 3 doivent être adressées à Paris.

AVIS

Les fluctuations du change pouvant modifier à tout moment les prix de revient des renseignements sur les pays étrangers nons font une impossibillté de maintenir un tarif fixe pour ces pays.

Nous délivrons néanmoins des carnets d'abonnement pour l'étranger à partir de 10 bulletins, à des conditions de prix aussi modérées que possible **et qui sont établies lors de chaque souscription.**

La durée de validité de ces carnets est fixée à UN AN. Elle peut être prorogée à expiration pour une période égale avec ou sans majoration de prix, suivant la tenue du change et les conditions économiques générales.

Tout renseignement sur un pays étranger demandé sans abonnement spécial est facturé séparément. Le prix de chaque renseignement ainsi fourni correspond à celui de l'abonnement à la série de 10 bulletîns, majoré de 2 francs.

Bien entendu, si la demande est formulée au moyen d'un bulletin du carnet **FRANCE**, il est tenu compte au demandeur de la valeur dudit bulletin.

En aucun cas, nos correspondants ne sont autorisés à percevoir de suppléments.

Voir page 138 les adresses de nos correspondants en Suisse.

SUISSE

Se servir exclusivement de nos enveloppes libellées comme suit: «Monsieur l'Agent-Correspondant du Contentieux Européen» en complétant sans aucune omission par les adresses indiquées ci-dessous.

BERNE, Münzgraben, 11, case postale, 45, Transit.

Bienne, à la Banque Populaire Suisse.

Le canton de Bâle-Ville, Lindenberg, 18, à Bâle.

Le canton de Fribourg, à la Banque Populaire Suisse.

Le canton de Genève, rue de la Poste, 1, à Genève.

Le canton de Lucerne, Alphenstrasse, 4, à Lucerne.

Le canton de Neuchâtel, rue Léopold-Robert, 50, à La Chaux-de-Fonds.

Le canton de Saint-Gall, Schmidgasse, 21, à Saint-Gall.

Le canton de Schaffouse, rue Vorstadt, chez MM. Oechslin Frères, à Schaffouse.

Le canton de Tessin, Societa Bancaria Ticinese, à Bellinzona.

Le canton de Vaud, place de la Riponne, 4, à Lausanne.

Montreux, rue de l'Eglise-Catholique, 11.

Vevey, avenue Paul-Cereșole, 5.

Le canton de Zurich, Bleicherweig, 4, à Zurich.

Pour le reste de la Suisse, s'adresser à Lausanne, Place de la Riponne, 4.

Toutes les demandes sur les pays non compris au présent Répertoire doivent être adressées au CONTENTIEUX EUROPÉEN, à PARIS, 31, Rue Lafayette.

TABLE

ALGÉRIE

TARIF N° 2

TARIF N° 3

Imprimerie JULIEN FRAZIER, 43, Rue Lafayette. — 12/26. 2.500

CONDITIONS DE NO ̶ ̶ RVICE
" CONTENTIEUX "

RECOUVREMENTS

1º Taxe fixe de six francs pour tous déboursés d'établissement du dossier.

2º Dix pour cent d'Honoraires personnels (avec minimum de dix francs) sur tout recouvrement effectué.

Ces honoraires sont acquis quand le débiteur règle en dehors de nous au cours du dossier ou bien lorsque le créancier demande, hors le cas d'insolvabilité du débiteur, le retour des pièces de sa créance.

Mais aucuns Honoraires ne nous sont dus quand le recouvrement n'aboutit pas.

3º Remboursement de nos frais de correspondance taxés à 0 fr. 50 par lettre, outre l'affranchissement.

4º Quand il s'agit d'affaires sur la Province ou sur l'Étranger, remboursement des frais et honoraires de nos correspondants (en moyenne 5 à 10 0/0).

POURSUITES JUDICIAIRES

Quand nos diligences amiables n'aboutissent pas et que la situation du débiteur laisse espérer de le contraindre judiciairement, nous proposons la procédure à exercer et nous évaluons les frais dont l'avance incomberait au créancier, pour être, ces frais, recouvrables sur le débiteur, à l'exception des vacations des mandataires devant les Tribunaux où nos Lois ne reconnaissent pas les Avoués (Tribunaux de Commerce et Justice de Paix).

FAILLITES ET LIQUIDATIONS JUDICIAIRES

Pour toutes vacations à la production et aux Assemblées, nous appliquons un droit supplémentaire de 15 à 20 francs.

PROCÈS

Pour leur étude et leur conduite, des honoraires spéciaux sont arbitrés de la façon la plus modérée selon l'importance et les difficultés du litige considéré.

CONSULTATIONS JURIDIQUES, RÉDACTION D'ACTES

Là encore, nos honoraires sont déterminés en proportion de l'intérêt en cause et des difficultés de l'affaire, avec toutefois un minimum de trente francs.

Pour
tous Recouvrements de Créances,
Productions à faillites, Procès,
Consultations juridiques,
Rédaction d'Actes sous seing privé,

EMPLOYEZ

NOTRE SERVICE "CONTENTIEUX"

dont vous lirez les conditions
à la page 3 de la couverture.

www.ingramcontent.com/pod-product-compliance
Lightning Source LLC
LaVergne TN
LVHW021030050726
842519LV00003B/796